À Ismaël, le passé
À Laurent, le présent
À Morgane, l'Avenir

BIOGRAPHIE

Sylvie Molinari est née le 27 juillet 1964 en Avignon. Elle a suivi des études à l'université d'Aix-en-Provence.
Elle est diplômée en Maitrise de Droit des Affaires. Ses études juridiques lui permettent de réaliser une carrière professionnelle pendant 20 ans dans le monde de l'entreprise, alors que les mots et l'écriture sont sa passion.

Fervente lectrice depuis l'âge de 7 ans, elle dévore livre après livre et se laisse séduire au fil des pages par la magie des contes. À 40 ans, elle met en œuvre ses rêves et consacre tout son temps à écrire le roman qui lui trotte dans la tête depuis très longtemps.

L'histoire et les personnages l'emportent, contre toute attente, dans la poursuite de l'aventure d'Ismaël et de sa nouvelle amie que vous retrouverez dans le second tome de ce fabuleux récit.

Aujourd'hui, Sylvie Molinari vit à Aix-en-Provence et continue l'écriture des prochains tomes.

Sylvie Molinari

LES CLÉS DU JARDIN D'ÉTOILES

Héloïse et Ismaël

Illustrations : Christian Debanne

missmo EDITIONS

CHAPITRE I
Héloïse Hacket

HELOÏSE Hacket avait la réputation d'être une vieille dame originale. Elle habitait un charmant pavillon, au bout d'une impasse. Depuis peu, elle avait décidé qu'elle ne sortirait plus de chez elle. Aussi, la dernière fois qu'elle se rendit chez la boulangère, elle accrocha discrètement près de la caisse une petite annonce qui disait exactement ceci :

« Dame d'un âge certain cherche jeune femme de confiance pour faire les courses, le ménage et les repas deux fois par jour. Veuillez vous présenter lundi à 14 heures précises devant l'arrêt de l'autobus n° 27. »

Au moment où Héloïse sortit de la boutique, l'étoile bleue dessinée dans le coin en haut à gauche de la petite annonce se mit à scintiller. Peu après, Alice entra dans la boulangerie et comme chaque jour demanda une belle baguette bien blanche. Son regard fut attiré par un petit rayon de lumière sur sa gauche. Elle lut le message, resta un instant étonnée. Profitant de ce que la boulangère était de dos, occupée à choisir son plus beau pain pour cette cliente qu'elle chérissait, elle décrocha délicatement, mais en vitesse, le bout de carton et le rangea dans sa poche. Personne n'avait rien remarqué, tout au moins c'est ce qu'elle espérait.

Alice, depuis la mort accidentelle de son mari, s'était retrouvée seule et sans travail avec un enfant de huit ans. Cette proposition d'emploi était une aubaine ! Elle était tout de même intriguée. C'était bien effectivement ce jour-là lundi, mais depuis combien de temps cette annonce était affichée... elle n'en savait rien : et puis le lieu, drôle d'endroit pour un rendez-vous. Elle décida tout de même de s'y rendre. Cela tombait bien, c'était juste à côté de chez elle.

Le clocher du village avait à peine sonné le deuxième coup de l'heure qu'un petit personnage se présenta devant Alice et lui glissa un morceau de papier dans la main. Elle n'eut même pas le temps de le voir qu'il avait déjà disparu. Alice se retourna, scruta les alentours. Rien ni personne. L'adresse indiquait la petite ruelle située derrière le panneau de l'arrêt de bus, la maison au fond au numéro vingt-sept.

Et c'est ainsi qu'Alice entra au service de Mme Hacket.

Héloïse Hacket vivait dans cette maison depuis vingt-sept ans. Le pavillon était agencé sur deux étages. Le rez-de-chaussée se composait de trois pièces. À droite, un petit salon dans lequel étaient installés face à face deux grands fauteuils cossus, séparés par un guéridon. Désormais, Héloïse passerait selon son désir la plupart de son temps dans un de ces fauteuils, un livre à la main, près de la fenêtre. Une belle cheminée se tenait là, avec un dessus en marbre rose, entourée d'une grande bibliothèque fournie de nombreux livres. Hiver comme été crépitait le feu.

Dans la salle à manger trônait une table ronde, entourée de quatre chaises sur un magnifique tapis dans les tons bleus représentant un arbre de vie, une tapisserie à fines rayures grises ; aux murs, quelques tableaux. Au fond, presque cachée par l'imposant escalier en bois massif se trouvaient la cuisine et la buanderie. À l'étage, trois chambres donnaient sur une belle salle de bains ; une petite porte en bois permettait d'accéder aux combles.

Héloïse avait quatre-vingt-sept ans, mais elle paraissait plus jeune, grâce à sa grande taille et son allure svelte. Une chevelure blanche et soyeuse ornait sa tête. Les ongles de ses mains étaient vernis, d'une couleur sombre de préférence. C'était sa dernière coquetterie.

Quand Héloïse avait engagé Alice, elle lui avait expliqué tout ce qu'elle devrait faire pour elle. La vieille dame lui avait remis une longue liste des tâches à exécuter dans la maison, mais aussi concernant les courses : chaque jour, la jeune femme se rendrait au marché et lui rapporterait des fruits, des légumes, du poisson frais, du pain, des céréales etc. Héloïse avait obtenu des commerçants de son quartier d'ouvrir un cahier à son nom où seraient notés ses achats quotidiens. À la fin du mois, sa banquière passerait payer les notes de chacun.

Le système fonctionnait très bien, il suffisait qu'Alice vienne chaque jour avec sa liste précise chez les différents marchands, qui lui remettraient en échange leurs plus beaux produits. Il faut dire que la vieille dame était exigeante sur la qualité des marchandises, mais peu regardante sur les prix, aucune note de frais n'était contestée. Ses fournisseurs appréciaient Héloïse, ils se faisaient une joie de lui vendre leurs meilleures denrées, d'autant plus qu'ils avaient bénéficié, grâce à la vieille dame, d'une publicité indirecte mais des plus efficaces.

En effet, depuis qu'Alice faisait les courses parfois extravagantes d'Héloïse Hacket, de nouveaux clients de plus en plus nombreux fréquentaient les magasins qu'elle avait choisis. On ne saurait dire ce qui les attirait chez ces commerçants autrefois désertés ; peut-être étaient-ils curieux des demandes très spéciales de la vieille dame ou bien charmés par Alice, ou manipulés par quelque sortilège. Eux-mêmes le savaient-ils ? La demande la plus originale d'Héloïse était de commander tous les jours une rose blanche d'une origine mystérieuse, Alice devait la lui rapporter presque religieusement dans un papier de soie blanc.

La journée d'Alice commençait donc par sa promenade au marché. C'était, il faut le reconnaître, la partie la plus agréable de son travail. Les commerçants au fil du temps avaient pris en sympathie cette jolie veuve, discrète et souriante. Elle arrivait, après avoir déposé son fils à l'école. Un à un, elle sortait de son sac à main les petits papiers écrits finement à l'encre violette par la vieille dame, dans un style calligraphique anglais ou dans un autre.

Certains jours, Héloïse Hacket, qui rédigeait ses listes à la plume, employait un type de lettre peu connu, appelé l'onciale. Alice déposait les produits dans un joli panier bleu à roulettes, une petite cloche accrochée aux anses signalait son arrivée.

Le seul commerçant qui n'avait pas les faveurs d'Héloïse, c'était le boucher, car Héloïse était végétarienne. C'est avec regret et un brin de jalousie que tous les matins, il regardait passer devant la boucherie Alice qui ne le voyait même pas. Il rêvait certaines nuits de changer de métier rien que pour le plaisir de voir Alice entrer dans sa boutique et lui présenter ce petit bout de papier auquel lui n'avait pas droit. Il enviait secrètement la boulangère située un peu plus loin sur le même trottoir.

Le bruit courait que les marchands collectionnaient les notes d'Héloïse. On les comparait, on les estimait, on les protégeait et surtout on les enviait les uns aux autres. La boulangère se vantait d'avoir la plus belle, mais le poissonnier prétendait la même chose.

Alice faisait de son mieux pour garder son emploi. Elle avait sollicité un entretien avec le directeur de l'école pour obtenir qu'Ismaël puisse rester après 17 heures à l'étude. M. Ternynck était un homme avec un grand cœur. Non seulement il avait accédé à sa requête, mais en plus accordé la gratuité de l'étude pour un trimestre. Il avait été touché par cette jeune femme courageuse qui devait soudain élever seule son enfant.

Tout se passait très bien, la vieille dame était un peu distante envers Alice, distante tout en étant respectueuse. Elle lui parlait toujours en la regardant droit dans les yeux, mais avec une voix douce un brin autoritaire. C'est qu'elle savait ce qu'elle voulait, Héloïse ! Alice se sentait parfois un peu mal à l'aise vis-à-vis de cette dame âgée. Elle ne pouvait pas définir exactement pour quelle raison. Souvent les commerçants lui posaient des questions sur Héloïse, ou bien ils commentaient devant elle ses petites manies, ses demandes quelquefois extravagantes. Alice se contentait toujours de répondre par un sourire.

Vers 18 h 30, Alice quittait Mme Hacket, après avoir préparé une bonne soupe de légumes, aéré toute la maison, ouvert le lit de la vieille dame, passé un coup de balai et fait la poussière. Chaque soir la jeune femme s'employait à ces tâches. Alice pensait bien qu'Héloïse était maniaque et parfois même un peu dérangée.

Tous les jours, de retour du marché elle lui donnait la rose blanche. Avec une attention toute particulière, Héloïse la délivrait délicatement de l'emballage, puis elle allait chercher l'ancienne rose qui était posée sur une commode à côté de la cheminée. Sur ce meuble, il y avait plusieurs cadres photo et en permanence une bougie allumée, ainsi que l'indispensable rose blanche dans un tout petit vase transparent. Pour la changer, Mme Hacket s'enfermait toujours dans la cuisine.

Alice qui ne posait jamais de question se demandait bien ce qu'elle faisait de cette rose blanche fanée, car elle n'avait jamais retrouvé les pétales de la fleur dans la poubelle qu'elle vidait pourtant quotidiennement. Tout ceci ne regardait pas Alice et au fond elle remerciait tous les jours Mme Hacket, car c'était bien grâce à toutes ces excentricités qu'elle avait ce travail.

Puis un soir, lorsqu'Alice passa récupérer son garçon à l'étude, elle fut convoquée avec Ismaël chez le directeur :

– Madame Allison, j'ai une mauvaise nouvelle à vous apprendre, je ne peux plus garder gratuitement votre fils à l'étude le soir, dit M. Ternynck d'une voix gênée.

– Vous m'aviez pourtant dit que pour le premier trimestre, vous m'accordiez cette faveur, répondit Alice les yeux pleins de larmes... en raison de ma situation, M. le directeur.

– Je sais, madame Allison, je sais, je ne suis pour rien dans cette décision, dit M. Ternynck tout en se frottant les mains l'une contre l'autre. Je ne suis hélas que le directeur de cette école privée et je dois en référer à mes supérieurs, aux propriétaires de l'école... des banquiers, des hommes d'affaires qui ont placé leur argent et qui ne parlent que de rentabilité. Quand on leur a rapporté... que j'avais accordé l'étude gratuitement à votre fils, ce n'est pas pour la somme que cela représente pour trois mois, mais ils ne veulent pas que cela crée un précédent...

– C'est quoi un précédent, Maman ?

– Ismaël, voyons, ne coupe pas la parole à monsieur le directeur !

– Laissez, laissez madame Allison. C'est bien Ismaël

de demander la signification d'un mot quand on ne sait pas. Eh bien, reprit le directeur en regardant l'enfant avec indulgence, vois-tu Ismaël, si je t'accorde l'étude gratuite je crée une nouvelle situation, et si je te l'accorde il n'y a pas de raison que je ne l'accorde pas à un autre enfant. Puisque je l'ai fait une fois, une autre maman pourra exiger la même demande pour sa fille, par exemple, en invoquant comme justification que tu en as déjà profité. Tu comprends ?

– Oui, j'ai compris, mais je ne trouve pas cela juste, car moi, mon papa est mort, et ma maman travaille dur pour m'offrir cette école.

– Tu as parfaitement raison, Ismaël, répondit le directeur tout en se tournant vers Alice, mais je ne peux rien contre cette décision. Je vous demanderai donc de vous arranger autrement dès demain soir.

– Demain soir ? Mais je n'ai pas le temps de m'organiser et je travaille jusqu'à 18 h 30...

– Vous trouverez bien une solution, dit-il en se levant pour signifier que l'entretien était terminé... Bon courage madame Allison et sois gentil avec ta maman Ismaël, insista le directeur tout en ébouriffant la tignasse brune du garçonnet.

Alice tenait fermement la main de son fils et marchait d'un pas rapide dans la rue. Elle était complètement sonnée après cette conversation.

– Aïe ! Maman, tu me fais mal et ne court pas si vite ! cria Ismaël.

– Oh ! pardon, mon chéri ! Pardon, je ne me rendais pas compte… J'étais perdue dans mes pensées. Je ne sais pas comment je vais faire, tu sais... »

Le retour jusqu'à la maison fut silencieux. Ismaël n'osait pas parler à sa mère. Il sentait bien qu'elle avait le cœur gros. C'est de ma faute, pensait le jeune garçon. À cause de moi, elle doit trouver sans arrêt des solutions. Et si j'arrêtais d'aller à l'école ? Oui, ça, c'est une bonne idée ! Je ne poserai plus de problèmes à ma maman et en plus je ramènerai moi aussi de l'argent. Voyons quel métier un garçon de mon âge peut bien faire ? Apprenti boulanger, cela me plairait bien. J'adore l'odeur du pain chaud et celle des croissants, hum, un régal. Il faut que j'en parle à maman.

Ismaël avait soudain le cœur très léger, la situation allait s'arranger, c'était décidé, plus de problème, il avait trouvé la solution. Il lâcha la main de sa mère et tout heureux il sautilla le long du trottoir.

Alice regardait son enfant, s'amusait et lui enviait ce qu'elle prenait pour de l'innocence.

Il est trop jeune pour comprendre la situation, songea-t-elle. Elle souriait de le voir faire des zigzags sur le trottoir. Le garçonnet pila devant une flaque d'eau.

C’était vraiment tentant. Il regarda sa mère, il savait qu’elle allait dire « Non, Ismaël, non ! ».

Mais, contre toute attente, elle lui prit la main et ils sautèrent ensemble dans la flaque d’eau. Leurs rires firent un écho dans la ruelle. Alice serra très fort contre elle Ismaël qui riait aux éclats, enchanté par ce bref moment de complicité entre lui et sa mère. C’était si rare. Depuis la mort de son père, ce n’était pas toujours facile pour tous les deux. Sa maman aimait son papa. Ils formaient un beau couple. Alice était souvent triste et Ismaël l’entendait parfois le soir pleurer dans son lit.

Alice décida de ne pas se laisser abattre. Elle trouverait une solution, puisqu’il le fallait. La nuit porte conseil... La soirée fut plus joyeuse que prévue. La jeune femme prépara un repas de crêpes salées et sucrées. Ismaël les dévora avec plaisir. Puis, elle coucha son fils. Elle rit de bon cœur à la proposition de l’enfant de travailler au lieu d’aller à l’école et le rassura.

Ismaël dormait à poings fermés. Alice avait fini de ranger la cuisine, elle souhaitait à présent se détendre dans le salon. Elle s’installa sur le canapé et commença à brosser ses longs cheveux blonds. Elle réfléchissait. Alice avait un joli visage fin, un teint clair, de grands yeux noisette. Une frange assez courte lui coupait le front et lui donnait un air mutin.

Elle brossait ses cheveux en regardant la télévision, mais elle ne faisait pas attention à ce qu'elle voyait tant elle était occupée par ses pensées. Comment faire ?

La vie n'est pas facile pour moi , pensa Alice. La disparition de son mari l'avait laissée dans un grand désarroi. Elle n'était pas préparée à cette mort, puisqu'il avait péri dans un accident de la route. Son existence avait basculé du jour au lendemain. Il faudrait dorénavant faire face à tout, y compris à la solitude. Pas d'amis, pas de famille, elle ne pouvait compter que sur elle-même.

La seule solution envisageable était d'emmener Ismaël chez la vieille dame, tout au moins pour le lendemain soir. Elle n'avait pas le temps de trouver une alternative. Mais comment présenter la situation à Mme Hacket ? Et si elle refusait ?

Elle se souvenait de leur première conversation, le jour où elle avait été embauchée...

...La surprise passée, Alice s'était avancée dans la ruelle et avait sonné au portail du pavillon. Elle avait remarqué, alors, un monsieur qui taillait la haie. Il l'avait saluée. Le portillon s'était ouvert, elle avait gravi les trois marches du perron. La vieille dame sur le seuil lui avait souri.

– Vous êtes à l'heure, c'est déjà un bon point, je déteste les personnes en retard. Je vous en prie, ma chère, entrez, nous allons faire connaissance.

Alice avait pénétré dans la maison et senti un doux parfum. Héloïse avait invité la jeune femme à s'asseoir au salon. Elle avait apprécié le moelleux du fauteuil pendant que Mme Hacket s'installait en face d'elle. Alice avait posé ses deux mains sur les genoux et regardé la vieille dame droit dans les yeux. Puis elle avait prêté attention à sa tenue vestimentaire qu'elle trouva impeccable. Un pantalon fluide, un pull à manches longues évasées.

Par la suite, elle s'apercevrait que sa penderie était pleine de ce genre de vêtements simples et élégants. Mme Hacket, en toute saison, était habillée en clair. Tous ses vêtements étaient de couleur ivoire, un ton très particulier indéfinissable.

– Je cherche une personne de confiance pour m'aider dans la maison. Le travail sera simple : trois heures le matin, deux heures le soir. Vous aurez les courses à faire chez les marchands du village, préparer le repas midi et soir et le ménage chaque jour. Pour le repassage, une autre personne s'en chargera. Ce travail vous convient-il ?

– Oui madame, répondit poliment Alice

– Très bien. À présent, je vais vous demander de m'écrire sur ce papier le montant du salaire que vous souhaitez.

Héloïse tendit une feuille à la jeune femme et un très joli porte-plume. Elle ouvrit l'encrier posé sur la table. Alice fut impressionnée, elle ne s'attendait pas à cette proposition. Elle n'avait aucune idée de ce qu'elle pouvait demander pour ce travail. Auparavant, elle n'avait jamais travaillé. Alice saisit la feuille, trempa délicatement la plume dans l'encre violette.

Elle prit son temps, puis inscrivit une somme et donna le papier à la vieille dame. Héloïse ajusta ses lunettes dorées sur son nez, et sans commentaire, ajouta un chiffre puis lui remit à nouveau. Alice n'en croyait pas ses yeux, la vieille dame avait ajouté un zéro.

– Je, je ne sais que dire, madame Hacket, c'est un beau salaire que vous m'offrez, rétorqua Alice.

– Je sais, mais vous verrez, j'ai mes exigences.

Héloïse avait été très claire. Elle exigeait une discrétion absolue de la part de la jeune femme. Elle avait bien précisé que si une fois, on lui rapportait des informations sur sa vie, informations qui auraient été divulguées par Alice, celle-ci serait renvoyée sans autre forme de préavis. La voix d'Héloïse avait pris alors une drôle d'intonation qui avait beaucoup impressionné Alice. Sous couvert d'une recommandation, elle avait bien senti la menace... et elle avait vraiment besoin de cet emploi !

Puis d'un ton plus doux, elle avait repris :

– Tout travail mérite un bon salaire, je ne doute pas

que vous aurez à cœur de faire de votre mieux. J'ai entendu parler de vous. Vous êtes une jeune femme courageuse. Nous allons bien nous entendre, je présage...

Héloïse tourna la tête.

– Ah ! Je ne vous ai pas encore présenté la deuxième locataire de la maison. Voici Melle Manoucha, ma plus fidèle compagne depuis longtemps ! Vous la suivrez à la trace à cause de ses longs poils gris qu'elle sème un peu partout, ajouta Héloïse, d'un ton amusé, en caressant l'animal.

Héloïse Hacket parlait de sa chatte comme s'il s'agissait d'un être humain. Puis, la vieille dame avait reconduit gentiment Alice jusqu'à la porte en lui donnant rendez-vous pour le lendemain matin...

C'est un personnage, cette Héloïse, pensa Alice en remontant les escaliers pour aller se coucher. Elle ramassa au passage la veste d'Ismaël, les cartes Pokémon. Elle rassembla les jouets laissés sur une marche.

Alice fit un dernier tour dans la chambre de son fils, récupéra l'ours tombé et le déposa au pied du lit, ainsi qu'un livre qui était sous la chaise. Elle déposa un baiser sur le front de l'enfant.

J'aurais tout le temps de lui parler demain dans la matinée, songea Alice. Elle comprendra j'en suis sûre. La fatigue se faisait sentir. Elle se coucha confiante.

Mais, cela ne se passa pas ainsi. Comme un fait exprès, ce matin-là, c'était un vrai défilé dans la maison. Du retour du marché, Héloïse était déjà en grande conversation avec sa banquière. Puis, ce fut le tour de la coiffeuse, la manucure.

C'était vendredi. Alice l'avait complètement oubliée.

Pour Héloïse, le vendredi c'était dimanche, elle se faisait belle. Encore une de ses fantaisies ! pensa Alice. Pour finir, le jardinier accapara Héloïse le reste du temps pour lui parler de la taille des arbres. Alice rageait. Décidément, rien ne lui était facilité ! À l'heure du déjeuner, elle ne put rien avaler, elle était trop contrariée.

Après sa longue pause-déjeuner, lorsqu'elle revint à son travail à 16 heures 30, elle était accompagnée d'Ismaël. Tout le long du trajet, Alice avait assommé son fils de paroles de recommandation. Elle avait particulièrement insisté sur le fait qu'il devrait rester dans la cuisine avec elle, sans bouger et faire ses devoirs sans la déranger ! Il avait pris son goûter rapidement tout en marchant pour éviter de faire des miettes dans la maison.

Les jambes d'Ismaël tremblaient lorsque sa mère donna, comme chaque fois, trois coups de sonnette brefs pour annoncer son arrivée.

Alice entra la première. Ismaël se tenait à ses côtés, un peu gauche, ne sachant pas très bien comment se tenir.

– Bonsoir madame Hacket, dit Alice sur un ton faussement enjoué.

– Bonsoir Alice, répondit la vieille dame tout en relevant la tête. Elle découvrit alors un enfant avec son cartable, tenant sa mère par la main. Au bout d'un long moment de silence embarrassé, Héloïse questionna le garçonnet.

– Bonsoir jeune homme, comment t'appelles- tu ?

– Bonsoir madame, je m'appelle Ismaël, rétorqua l'enfant d'une voix plus forte qu'il n'aurait voulu.

– Je vous présente mon fils, madame Hacket. Il n'y a pas étude ce soir. C'est une situation temporaire, du moins je l'espère, s'empressa de répondre Alice presque malgré elle.

– Ce n'est pas un problème pour un soir. Installez votre fils dans la cuisine avec vous et servez- lui un chocolat chaud. Vous lui demanderez simplement de ne pas me déranger, enchaina la vieille dame, s'efforçant de sourire à Ismaël.

Pendant la conversation, la chatte curieuse de voir le nouveau venu, s'était empressée de venir rôder autour du jeune garçon. Elle flaira son pantalon, sentit ses chaussures, tourna trois fois autour de lui. Elle le toisa de son œil vif et lui fit un clin d'œil. Surpris, Ismaël n'osa pas bouger, de peur d'effrayer l'animal et de contrarier la vieille dame. Son inspection terminée, Manoucha tourna le dos au garçon, repartit bien droite, la queue en panache tout en se dandinant. Puis, la chatte reprit sa place sur les genoux de sa maîtresse et se rendormit en ronronnant.

Alice entraina son fils doucement vers la cuisine et ferma la porte.

– Qu'en penses-tu ma belle ? glissa Héloïse au creux de l'oreille de sa chatte. Pour un soir, nous pouvons bien faire un effort pour accueillir un humain de sexe masculin dans cette demeure, non ?

Pour toute réponse, Manoucha émit un miaulement rieur et lui mordilla la main de contentement. Héloïse caressa avec affection la chatte et reprit paisiblement sa lecture.

Tout se passa au mieux, Ismaël resta sagement dans la cuisine, Alice exécuta son travail avec une certaine sérénité ; elle était contente d'avoir son fils à ses côtés, elle passait régulièrement le voir. Au moment de partir, Alice s'avança doucement sur la pointe des pieds dans le salon pour dire bonsoir à Héloïse. Mais, la vieille dame s'était endormie la tête légèrement penchée sur le côté du fauteuil, ses petites lunettes en écaille sur le bout du nez, le livre ouvert sur le dos de la chatte. La mère et l'enfant sortirent à pas de velours de la maison, Alice referma délicatement la porte derrière elle.

Le week-end fut joyeux dans toutes les chaumières du village.

Le lundi soir, Alice retourna à son travail avec Ismaël. Mme Hacket fut surprise en voyant à nouveau le garçon. Attendant quelques instants que son émotion s'apaise, elle salua Alice, puis continua la lecture de son livre. Elle ignora Ismaël de manière spectaculaire. L'enfant fila directement dans la cuisine sans demander son reste. Alice était bien consciente qu'elle avait mis Héloïse devant le fait accompli, mais elle n'avait pas le choix. L'école privée de son fils lui coûtait cher, trop cher par rapport à ses ressources. Cependant, elle se faisait une obligation d'être fidèle au souhait de son mari qui, de son vivant, voulait donner une bonne éducation à son fils. L'étude à payer en plus était un luxe qu'elle ne pouvait pas s'offrir.

Alors, comme pour se faire pardonner, elle mit du cœur à l'ouvrage, encore plus que d'habitude. Elle prépara la soupe de la vieille dame avec un soin particulier. Elle aéra son lit, secoua énergiquement les sept oreillers, les replaça avec précaution dans le bon ordre : les quatre plus gros en dessous, les trois autres légèrement espacés. Alice ne vit pas le temps passer.

Le troisième soir, l'accueil de Mme Hacket fut carrément glacial.

Même si l'enfant ne la dérangeait en aucune façon, puisqu'elle ne le voyait pas, Héloïse était vraiment très contrariée par la situation. Ce soir-là, Ismaël sortit pour la première fois de la cuisine avec l'intention de se rendre aux toilettes. Il était terrorisé rien qu'à l'idée de croiser le regard de la vieille. Sa mère était à l'étage.

– Madame, excusez-moi de vous déranger, pouvez-vous m'indiquer où sont les w.-c., s'il vous plaît ? demanda Ismaël d'une toute petite voix.

Héloïse sursauta sur le moment, la chatte fit un bond et détala sous le fauteuil en miaulant. Elle regarda le jeune garçon, hésita un instant et se contenta de répondre,

– C'est pour cela que tu me déranges ? Tu ne peux pas demander à ta mère au lieu de m'importuner ? persifla la vieille dame d'un ton cassant ! C'est au premier et ne salis rien, je te prie !

– Merci madame, je ferai très attention, je vous le promets.

– Allez file, assez de bavardages !

Et ainsi au fil des jours, une mauvaise ambiance s'installa entre la jeune femme, l'enfant et la vieille dame. Mais, en même temps, Héloïse constata – et cela lui plaisait – qu'Alice était moins pressée que lorsqu'elle devait récupérer son enfant à l'étude. Elle avait bien remarqué que depuis plusieurs soirs, Alice partait vers 19 h au lieu de 18 h 30.

C'était là toute l'ambigüité de la situation...

Pour un petit garçon curieux comme Ismaël, cela devenait de plus en plus difficile de rester pendant tout ce temps enfermé dans la même pièce. Une fois qu'il avait terminé ses devoirs, il lisait patiemment. Mais la curiosité était plus forte. Pour tromper son ennui, il commença à écouter, l'oreille collée à la porte de la cuisine, tous les bruits de la maison.

Ainsi, il avait remarqué, que tous les soirs vers 18 heures, la vieille dame montait à l'étage. Avec la trotteuse de sa montre, il avait pu chronométrer le temps exact. C'était toujours le même : deux minutes et trente secondes. C'était étrange, mais... non, non, pas d'erreur, il avait peaufiné son étude pendant toute une semaine et c'était bien ça, toujours la même durée : deux minutes et trente secondes, exactement.

Alors, un soir, à ce moment très précis, il tenta une sortie. Il régla sa montre, ouvrit très doucement la porte de la cuisine et regarda aux alentours si la chatte n'était pas dans les parages. Puis, sur la pointe des pieds il se dirigea sans détour vers la commode. Cet endroit le fascinait depuis le premier soir où il était entré dans la maison. Son cœur battait très vite. Ce qu'il vit le subjugua.

Il vit de près la très belle rose blanche que lui avait décrite sa mère. Elle était tout simplement magnifique, encore plus belle que dans son imagination. Le petit vase transparent avait des reflets changeants selon l'angle sous lequel il le regardait. Il remarqua une fine couche de sable déposée au fond.

Son regard se posa sur les photos disposées d'une manière très précise. Dans les cadres ovales dorés on pouvait voir une succession de portraits en noir et blanc. Le premier représentait un bébé, une toute petite fille avec un nœud dans les cheveux. Le second, la même enfant un peu plus grande et ainsi de suite. Une photo le fascina particulièrement.

Sur un magnifique cheval noir, une fillette se tenait en amazone, habillée avec une belle jupe étalée sur la croupe de l'animal. Ismaël fut troublé. Comme elle est belle ! pensa-t-il. Il parcourut rapidement les autres photos, déjà une minute s'était écoulée ! Il y avait aussi un couple et une photo d'un homme avec une petite moustache et un chapeau.

Le peu de temps qui lui restait, il le passa, planté devant la bougie. Elle l'intriguait. Depuis le début, chaque soir, dès qu'il entrait dans la maison, il jetait un œil furtif en direction de la bougie. Et il lui semblait que c'était toujours la même, la même couleur et toujours au même niveau, comme si elle ne se consumait pas. Il en avait fait la remarque à sa mère. Elle lui avait rétorqué qu'elle n'avait pas le temps de s'attarder sur ce genre de détails et qu'il ferait mieux de ne pas se mêler des affaires de la vieille dame. Sinon, elle risquait de perdre son emploi.

Pour en avoir le cœur net, avec le bout de son ongle, il fit un petit trait sur le haut de la bougie, discret mais marqué. A ce moment-là, sa montre émit un petit bip, le temps était écoulé. Il regagna discrètement la cuisine et referma la porte. Dix secondes plus tard, il entendit la vieille dame descendre les escaliers.

Ismaël, ne prononça pas un mot durant tout le trajet du retour, lui habituellement loquace.

Il pensait à la jeune fille sur la photo. Il ne pouvait pas imaginer que c'était Héloïse autrefois. Et pourtant, comme elle lui ressemblait...

Le soir suivant, Ismaël tenta une nouvelle sortie, tout excité de connaître la réponse à son énigme. À sa grande surprise, le trait sur la bougie était toujours là ! La bougie ne se consumait pas, maintenant il en avait la certitude. Il avait raison. Ce sentiment le remplit d'une grande fierté.

Cette satisfaction fut de courte durée, car il sentit contre sa jambe, la chatte qui frottait les moustaches sur son pantalon. Elle va miauler, et je vais être découvert ! pensa tout de suite Ismaël. Le jeune garçon ne savait plus quoi faire, il regarda sa montre, une minute s'était déjà écoulée.

Alors, tout doucement il se baissa à la hauteur de l'animal et tendit la main pour le caresser. Manoucha regarda l'enfant, elle souriait. Non ce n'est pas possible, un chat ne sourit pas ! se dit Ismaël. Ses yeux dorés en amande, sa fourrure grise, dense, donnait un air de majesté à cette superbe persane. L'animal toisa à nouveau le jeune garçon. Il lui semblait que la chatte avait soudainement grandi, ou était plus grosse, il ne savait pas très bien.

Au même moment sa montre sonna, la chatte, surprise, détala à toute vitesse sous le fauteuil en soufflant. Ismaël perdit l'équilibre, se rattrapa de justesse. Il eut juste le temps de refermer la porte pendant qu'il entendait les pas de Mme Hacket dans l'escalier. Ouf, c'était moins une, cette fois-ci. Ismaël avait bien failli se faire prendre la main dans le sac !

Après les frayeurs de la veille, Ismaël avait décidé qu'il resterait tranquillement dans la cuisine, ce soir-là. Sa mère, ignorant ses sorties, eut pitié de son fils, et pour le distraire un peu, lui proposa d'apporter à la vieille dame sa tisane au thym. Elle pensait ainsi créer un petit contact entre l'enfant et Mme Hacket pour essayer de détendre l'atmosphère toujours aussi pesante.

Elle fit toutes les recommandations à son fils. Il écouta et sortit de la cuisine avec le plateau en argent, la tasse en fine porcelaine posée bien au centre. Ismaël avançait doucement et annonça sa venue à la vieille dame :

– Maman, m'a demandé de vous apporter votre tisane, madame Hacket dit le jeune garçon le plus poliment possible.

Mme Hacket releva les yeux par-dessus ses lunettes et posa son livre sur le guéridon. Elle regardait l'enfant, d'un air amusé presque cynique, s'approcher les yeux rivés sur la tasse sans regarder où il mettait les pieds. Et ce qui devait arriver arriva ! Ismaël ne vit pas le tapis, son pied droit attrapa l'angle du tapis, le déséquilibra et il tomba. La jolie tasse en porcelaine après avoir valsé dans les airs tomba sur le sol en mille morceaux. Le plateau en argent fit une course effrénée sous la commode.

Au même moment, Alice alertée par le bruit sortit de la cuisine. La chatte partit en courant et en miaulant. Mme Hacket s'était levée d'un bond évitant de justesse d'être brûlée par la tisane qui s'étalait progressivement à ses pieds dans le tapis. Ismaël était sur le ventre par terre. Alice se précipita sur son fils, le releva. Les deux femmes se jaugèrent en se regardant droit dans les yeux.

– Madame Hacket, vous n'avez rien ? questionna Alice.

– Par je ne sais quel miracle, non ! marmonna Héloïse, mais il s'en est fallu de peu. Pourquoi avoir confié cette tâche à votre fils, Alice, quelle idée !

– Je ne voulais pas vous faire attendre, madame Hacket, la tisane était prête et je n'avais pas encore fini votre soupe, je... je voulais bien faire, répondit Alice les yeux pleins de larmes.

Ismaël pleurait et entre deux sanglots il arriva à articuler quelques mots.

– Je m'excuse, Ma... da... me, je n'ai pas fait exprès, je... je... je n'ai pas vu le tapis.

– Tu ne pouvais pas le voir, petit idiot, tu ne regardais pas où tu mettais les pieds, s'exclama Héloïse d'un ton blessant. Tu es stupide et maladroit !

– Madame Hacket cela ne se reproduira plus, je vous le promets, dit Alice. Je vais vous rembourser la tasse cassée...

– Non ! rétorqua la vieille dame, en lui coupant la parole. Je ne veux pas et vous ne pourrez pas retrouver la même, elle vient d'un service offert pour mon mariage. Depuis le temps, cette porcelaine ne se fabrique plus. Que cela vous serve de leçon, laissez votre enfant dans la cuisine, il est très bien là où il est ! Et ne restez pas là à me regarder, allez plutôt chercher un balai pour réparer les dégâts de votre rejeton ! insista Mme Hacket.

Héloïse était excédée ! Là, c'était le pompon. Non seulement il fallait qu'elle supporte la présence de cet enfant, mais en plus il lui cassait sa vaisselle.

« Stupide et maladroit », ces deux mots avaient particulièrement blessé Ismaël. Il était touché dans son amour-propre. Ce n'était pas juste, il avait voulu aider sa mère et il n'avait fait que des bêtises. Cette femme est vraiment méchante ! pensa l'enfant. Il était dans la cuisine, la porte à nouveau fermée. Pendant ce temps, Alice balaya les débris, essuya le tapis, alla chercher le plateau en argent sous la commode ; lui était intact. Elle avait ravalé ses larmes, rien décidément n'allait plus.

Tout semblait contre elle.

De retour à la maison, Alice n'eut pas le cœur à gronder son fils,. Elle se sentait aussi fautive que lui. Au contraire, elle passa plus de temps avec lui ce soir-là, et choisit de lui lire une belle histoire de pirates. Ismaël s'endormit dans les bras de sa maman avant la fin de l'histoire. Alice sombra, elle aussi, dans un sommeil profond, sans rêve. Cela avait été une rude journée pour tous les deux.

Pendant quelques jours, Ismaël n'osa plus sortir de la cuisine. Mais il était décidément trop curieux, tout l'intriguait dans cette maison. Les bizarreries de la vieille dame, les mimiques de la chatte qui se prenait pour une reine, la bougie... et surtout revoir la photo de la petite fille. Il en rêvait la nuit. Il fallait qu'il la revoit, au moins une fois pour bien noter tous les détails de sa tenue, examiner le cheval. Tous les prétextes étaient bons pour lui donner le courage de s'aventurer à nouveau hors de la cuisine devenue à présent sa « prison ».

Il attendit patiemment 18 heures, puis sortit. Il fila directement devant la photo et resta à la regarder. Il n'avait jamais vu de fille aussi belle qu'elle. Les filles de sa classe lui paraissaient fades à côté d'elle.

Puis il se dirigea vers la bibliothèque, il n'avait jamais vu autant de livres ! Tous les ouvrages étaient bien rangés sur chaque étagère. Ce qui surprit l'enfant, c'est qu'ils avaient tous la même couverture en cuir de très belle qualité, lisse, d'un ton chaud brun presque blond... sans titre et sans le nom de l'auteur, c'était étrange.

C'est d'ailleurs à cause de cela que le jeune garçon s'était pris le pied dans le tapis. Lorsqu'Héloïse avait posé son livre sur le guéridon, il avait alors remarqué ces détails étonnants et il s'était laissé distraire par cette vision au lieu de se concentrer sur ce qu'il faisait. Il n'avait pas osé l'avouer à sa mère... Ismaël enviait la vieille dame de posséder tous ces livres.

Il y avait bien des ouvrages à la maison, mais ils appartenaient tous à la bibliothèque municipale. Chaque mercredi après-midi, le bibliobus de la grande ville d'à côté venait se garer sur la place du village. L'enfant et sa mère s'y rendaient chaque fois pour emprunter des livres. Ismaël était toujours déçu de devoir les rendre, mais sa maman lui avait expliqué qu'elle n'avait pas les moyens de lui acheter des livres et que le système d'emprunt était bien pratique.

Il rêvait d'en posséder un, juste un seul pour pouvoir relire son histoire préférée autant de fois qu'il le souhaitait.

Il était perdu dans ses rêves lorsque la chatte vint se frotter contre lui en poussant de petits miaulements.

– Chut ! Tais-toi tu vas me faire repérer ! murmura Ismaël.

Au lieu de rester contre lui, la chatte partit en direction de la porte d'entrée. « Chut !chut ! » disait Ismaël. Manoucha lui fit un clin d'œil, le même que la première fois. Cela fit sourire Ismaël ; drôle d'animal, songea-t-il. L'enfant s'approcha, la chatte se laissa caresser. Son poil était très doux, lisse et brillant. Elle ronronnait, frottait son nez humide contre la main d'Ismaël. Puis, brusquement, elle s'écarta et s'avança vers la porte. La chatte se retournait à chacun de ses pas. Elle faisait une pause, attendait qu'Ismaël s'approche d'elle, puis repartait. Elle poussait de petits miaulements à intervalles réguliers.

– Je ne sais pas si j'ai le droit de te laisser sortir, je

ne t'ai jamais vue dehors, c'est bizarre… Je ne veux pas faire encore une bêtise…

La chatte ronronnait de plus belle. Elle se collait contre les jambes de l'enfant, tournait autour de lui, l'empêchant d'avancer.

Il se sentait comme hypnotisé. Soudain, il entendit une voix :

– Ouvre-moi la porte !

L'animal lui donnait un ordre, c'est du moins ce qu'il lui semblait.

– Je rêve, ce n'est pas possible, un chat ne parle pas !

Manoucha sur un ton impératif exigeait qu'il actionne la poignée. Il ne pouvait pas y résister, une force terrible commandait son esprit. Sa volonté était dirigée par un inconnu.

Et contre son gré, il ouvrit la porte. D'un seul bond, la chatte se trouva dans le jardin. L'instant d'après elle avait déjà disparu ! Mécaniquement, il referma la porte.

Quand il se retourna, la vieille dame était là, devant lui, les bras croisés, le regard noir. Il ne l'avait même pas entendue descendre les escaliers. Ismaël poussa un cri de frayeur, fit un bond en arrière surpris de se retrouver nez à nez avec Mme Hacket.

Au même moment, le bip de sa montre sonna. Héloïse, releva un sourcil d'étonnement en entendant ce petit bruit.

– Peux-tu m'expliquer ce que tu fais devant cette porte, petit garnement ? demanda Héloïse d'un ton sec.

Il répondit d'un chevrotement incompréhensible, la peur le tétanisait, il ne pouvait plus articuler correctement un seul mot.

– Je ne comprends rien à ce que tu dis ! Que fais-tu là, qui t'a autorisé à sortir de la cuisine ? insista Héloïse. J'espère pour toi que tu n'as pas fait sortir Mademoiselle Manoucha ?

L'enfant, incapable de parler, répondit oui avec la tête.

– Quoi ? Mais quel petit imbécile, il va bientôt faire nuit et Mademoiselle Manoucha n'est pas comme les autres chats, elle ne voit pas la nuit ! hurla Héloïse, très en colère.

– Elle, elle, elle me l'a demandé, répliqua Ismaël, en soutenant le regard froid de la vieille dame.

Les éclats de voix de Mme Hacket avaient alerté Alice. Elle descendit rapidement les escaliers et se retrouva derrière Héloïse. Elle comprit tout de suite qu'il s'était encore passé un événement particulier. La jeune femme ferma les yeux un instant, espérant qu'Ismaël ne fut pas responsable de la situation. Alice tremblait en assistant à la scène, comme dans un duel, Héloïse et Ismaël se tenaient face à face, tous deux très tendus. La vieille dame était impressionnante, sa colère la rendait plus grande et durcissait les traits de son visage.

– Votre fils, Alice, est incapable de rester à sa place ! dit Héloïse en se retournant vers la mère de l'enfant, Il vient de commettre un acte irréparable ! Il a laissé sortir mademoiselle Manoucha dans le jardin. La nuit va tomber et mademoiselle Manoucha ne peut pas se repérer dans le noir, elle est incapable de reconnaître son chemin, car à la différence de ses congénères, elle ne voit pas ! C'est un comble pour un chat, mais c'est ainsi. Il me semble que j'avais été claire à ce sujet. Vous saviez, Alice, que vous ne deviez en aucune circonstance autoriser la chatte à sortir de cette maison. Avez-vous oublié de le dire à votre fils quand vous avez décidé de me l'imposer le soir chez moi ?

Alice encaissa la remarque et au lieu de répondre à la vieille dame, s'adressa directement à son enfant :

– Mais enfin, Ismaël, qu'est-ce qui t'a pris de faire sortir la chatte ?

– Maman, je t'assure, je ne pouvais pas faire autrement.

– Comment tu ne pouvais pas ? Je ne comprends pas ! insista Alice.

– C'était plus fort que moi, quelqu'un dans ma tête me dictait cet ordre...

– Tu dis n'importe quoi, Ismaël. Ce n'est pas dans ton habitude de mentir,

Alice toucha le front de son fils, il était brûlant.

– Mon Dieu, tu as de la fièvre, tu es malade, tu délires !

– Non, non, je vais très bien, Maman. Madame Hacket, je vais retrouver votre chatte, il ne fait pas encore nuit et le jardin n'est pas si grand...

– Tu restes où tu es, petit imbécile, ordonna Héloïse en coupant la parole à l'enfant, tu as assez fait de bêtises pour aujourd'hui. Elle ne te connaît pas. Moi seule peux la retrouver ; malgré ma vue qui baisse, j'ai encore de bons yeux même dans le noir !

– Madame Hacket, je suis désolée et je vous présente mes excuses...

– Taisez-vous ! hurla la vieille dame, sortez d'ici tous les deux, je ne veux plus vous voir pour ce soir ! Et vous Alice, dit Héloïse en pointant son doigt en direction de la jeune femme, je vous attends demain matin. Nous devons avoir une discussion toutes les deux... entre adultes.

Puis, Héloïse, abattue par la situation, s'effondra sur le fauteuil. Elle prit sa tête entre ses mains et gémit de désespoir. Elle semblait soudain, tellement plus vieille, plus petite, anéantie par la disparition de sa chatte.

Héloïse Hacket fit signe de la main de la laisser.

Toute tremblante de la tête aux pieds, Alice recula. Ismaël courut dans la cuisine, rassembla ses cahiers à la hâte, ferma son cartable et récupéra au passage la veste et le sac de sa mère.

Alice prit son fils par la main, descendit les escaliers

du perron comme un automate. Ismaël referma la porte d'entrée derrière lui.

Alice était désespérée, atterrée par tous les événements qui s'étaient enchainés en quelques minutes. Elle ne trouvait pas les mots pour parler avec Ismaël. La jeune femme ne réalisait même pas qu'elle avait sûrement perdu son travail. Elle ne reconnaissait plus son fils, lui habituellement si raisonnable. Elle marchait dans la ruelle, accablée, un mal de tête insidieux paralysait toute analyse de la situation.

Alice rentra chez elle sans adresser la parole à son fils, elle monta directement dans sa chambre et ferma la porte à clé ! Ismaël était démoralisé, il pleurait... Il se jeta sur son lit.

– Tout est de ma faute, je suis nul, à cause de moi Maman va perdre son travail ! Il faut que je retrouve cette chatte, je ne sais pas pourquoi je l'ai fait, mais je sais que je vais la retrouver !

Ce maudit animal m'a envoûté !

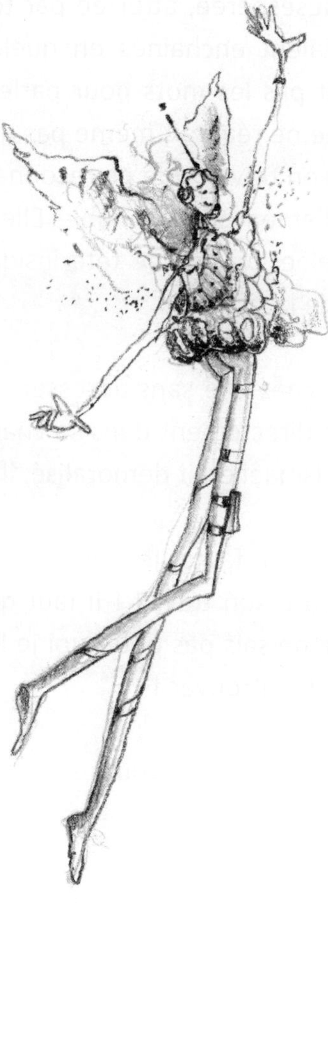

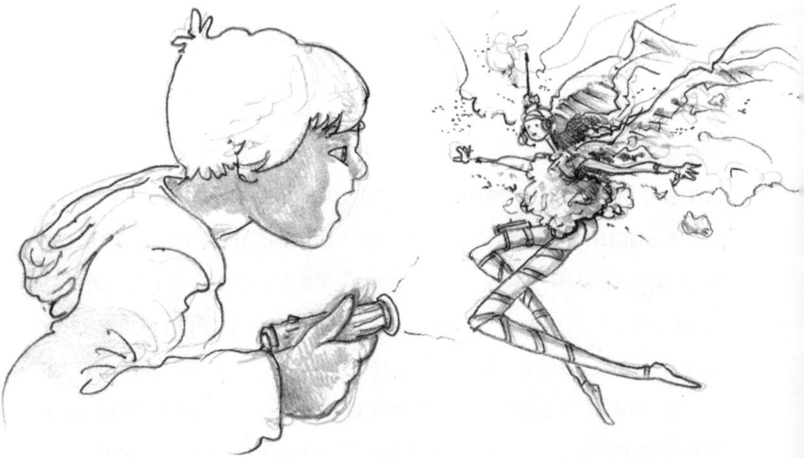

CHAPITRE II
Ismaël

Un silence de mort régnait dans la maison. Ismaël avait bien tenté de frapper à la porte de sa mère, mais aucune réponse. À présent il faisait nuit. Il ne pouvait pas rester sans rien faire. Il se trouvait dans une situation qu'il n'avait pas voulue, il ne comprenait pas ce qui s'était passé. Mais, le jeune garçon décida ne pas rester ainsi à tourner en rond avec des questions auxquelles personne pour l'instant ne pourrait répondre.

Coûte que coûte, il devait retrouver cette chatte... Ismaël avait un plan. Il commença par rédiger un petit mot à l'attention de sa mère. Il le posa bien en évidence sur son bureau : « *Maman, je suis parti à la recherche de Manoucha. Ne t'inquiète pas, j'ai un plan. Je t'aime très fort. Ismaël.* » Il prit dans son armoire son sac à dos dans lequel il mit un gros pull, un paquet de mouchoirs en papier et sa lampe de poche. Par mesure de sécurité il changea les piles de sa lampe en prenant celles de son réveil, plus récentes. Il contrôla la puissance du faisceau en le projetant sur le mur.

L'enfant descendit les escaliers sur la rampe pour éviter de faire craquer les marches en bois. Il passa en dernier par la cuisine pour prendre une petite bouteille d'eau et deux barres de chocolat Kinder. Car la nuit risquait d'être longue...

C'était le premier vendredi de la première lune.

Une fois à l'extérieur, Ismaël remonta le col de sa parka et zippa la fermeture Éclair. La nuit était claire mais fraîche. La ruelle était silencieuse, l'unique réverbère éclairait une partie du chemin qu'emprunta Ismaël. La maison de Mme Hacket n'était pas loin de celle de la famille Allison. Ismaël avait remarqué un jour en jouant au ballon un raccourci entre les deux ruelles. Il essaya pour la première fois cet itinéraire. Comme il l'avait imaginé, il arriva directement derrière la maison de la vieille dame, par le jardin.

Comment rentrer ? Ismaël n'en avait aucune idée... Une fois devant le mur en pierres, Ismaël constata qu'en définitive il n'était pas si haut, surtout pour un garçon de son âge. Ismaël aimait le sport, en particulier l'escalade. Il alluma sa lampe et commença par étudier de près le mur. Il constata qu'il y avait des pierres légèrement décalées par rapport à d'autres qui lui serviraient d'appui. Le hasard est bien fait, la distance entre elles permettrait à Ismaël de grimper plus facilement.

En moins d'une minute, il se retrouva de l'autre côté du mur, dans le jardin. Il fit quelques pas, le faisceau de la lampe dirigé vers le bas afin de ne pas être repéré. Il arriva par la droite et s'avança devant la maison. Les volets n'étaient pas fermés, il aperçut de la lumière, elle venait du salon.

Alors, sans faire de bruit, il s'approcha doucement sous la fenêtre, puis il releva la tête au niveau du rebord pour regarder à l'intérieur. Héloïse dormait sur son fauteuil, un châle sur les épaules et un grand plaid recouvrait ses jambes. Elle était toute recroquevillée sur elle-même, un coussin calé sous sa tête. Il l'observa un moment.

Pour la première fois, il pouvait la regarder sans être impressionné. À cet instant, elle ne semblait pas aussi méchante que d'habitude. Son visage était calme, presque serein. C'était étrange pour Ismaël de se retrouver là, tout seul, en train d'observer Héloïse. Puis, il s'avança jusqu'à la porte, elle était entrouverte... Elle espère que la chatte reviendra d'elle-même ! constata Ismaël. Et, en effet, elle l'attendait.

Ismaël se dirigea vers l'endroit où il avait vu disparaître Manoucha. Avec sa lampe, il fouilla minutieusement tous les recoins tout en murmurant son nom. Au bout d'un moment, il se rendit bien compte que cette recherche pouvait durer toute la nuit sans résultat.

Aussi, il mit son plan à exécution. Il décida de s'asseoir sur la première marche du perron dans un axe bien précis par rapport à l'endroit où il avait vu disparaître l'animal. Depuis cette place stratégique, il alluma sa lampe et envoya la lumière pendant deux secondes dans cette direction. Puis, il éteignit et recommença l'opération en laissant la lumière cette fois-ci trois secondes, de nouveau il éteignit. Il voulait donner un repère à la chatte.

Puisqu'elle ne voyait pas précisément dans la nuit, elle serait peut-être sensible à ce rayon de lumière qui, en alternance, l'aiderait à sortir de sa cachette. Il supposait que Manoucha, tétanisée par la peur du noir, n'osait pas s'aventurer. Il avait imaginé une sorte de code, comme du morse. Il avait vu ça à la télévision dans un feuilleton, et c'est ce qui lui avait donné l'idée.

Sans relâche, durant toute une heure, Ismaël répéta cette opération. Pour se donner du courage, il s'arrêta quelques secondes pour récupérer dans son sac à dos les barres chocolatées et les mangea.

Puis, il continua malgré la fatigue, le manque de sommeil, le froid de la pierre sous ses fesses.

Le sommeil prit le dessus. Quand sa tête piqua vers l'avant, Ismaël se réveilla d'un bond. Il avait mal partout, il était courbaturé, la main ankylosée sur la lampe. Il massait sa main endolorie, quand tout à coup, Ismaël stoppa net sa respiration. Il lui semblait avoir aperçu une petite lumière blanche provenant du fond du jardin. Puis, plus rien. Il se frotta les yeux. Comme il était très fatigué, il crut que c'était une hallucination.

Quand, tout à coup, il la revit. Mais cette fois, ce n'était pas une seule petite lumière, mais plusieurs qui scintillèrent en même temps. Ismaël resta médusé par cette apparition. Il éteignit sa lampe de poche. Puis, prenant son courage à deux mains, il s'avança en direction de ces faisceaux de lumière. Il pensa sur le moment que cela devait être des lucioles, ces petites chenilles que l'on voit en été et qui brillent dans la nuit. Mais ce n'était pas la saison !

Qu'est-ce que cela pouvait être ? Au fur et à mesure qu'il progressait vers le fond du jardin, la vision devenait de plus en plus précise. Et quelle vision ! Le jeune garçon pila quand il s'aperçut que ces lumières étaient animées par un petit personnage avec des ailes.

– Ce n'est pas possible, dit Ismaël. Il se rapprocha et il se trouva nez à nez avec deux petits yeux brillants qui le regardaient intensément. Et ce qu'il voyait lui semblait irréel.

Devant lui se tenait une très jolie petite fée avec des

ailes transparentes. Elle flottait dans l'air en clignotant sans cesse des yeux. Le corps de la fée était composé de deux couleurs chatoyantes dans les tons de rose et de mauve extrêmement clairs. Les ailes, quant à elles, avaient davantage de couleurs ruisselantes, entourées d'une sorte de brume. Cette petite fée semblait sortir tout droit du film Peter Pan. Elle ressemble comme deux gouttes d'eau à la fée Clochette, pensa Ismaël.

À présent la fée lui souriait. Il s'approcha doucement de peur d'effrayer cette jolie créature venue de nulle part. Elle resta sur place puis s'avança vers Ismaël. Elle paraissait légère, et lorsqu'elle se posa sur sa main, il sentit comme un petit souffle. Cette rencontre était magique. En plein milieu de la nuit, deux êtres de deux mondes différents faisaient connaissance.

À partir de ce moment-là, toutes les autres petites fées formèrent un cercle autour d'Ismaël. Elles manifestaient une joie de vivre enchanteresse. Les unes après les autres, elles se présentèrent devant Ismaël en effectuant une petite révérence avec un air coquin.

L'enfant s'aperçut que les autres fées avaient des teintes différentes, c'était un feu d'artifice de couleurs. Certaines étaient parées d'une nuance blanche et or, d'autres en bleu indigo avec de légers reflets métalliques, puis en rouge vif étincelant, ou bien noir et or, bleu foncé parsemé de points d'argent, et enfin en bleu et jaune pâle des collines.

De cette ronde de fées provenaient des vibrations magnétiques qu'Ismaël percevait sur sa peau sans en connaître la provenance.

C'était une drôle de sensation. Était-ce son imagination, ou la réalité ? Mais comme tous les enfants du monde, Ismaël croyait aux fées, et c'est pour cette raison qu'il les voyait. Il émanait d'elles une douce chaleur qui réchauffa instantanément le jeune garçon. Il n'avait pas peur.

Bien au contraire, leur présence était même réconfortante. Ismaël ressentit de la tendresse pour elles et les fées lui avaient fait comprendre qu'elles étaient ses amies.

Puis, les fées commencèrent à se mouvoir dans un ordre bien précis. Ismaël n'osa pas bouger, il attendit. À ce moment-là, il s'aperçut qu'un groupe de fées s'était aligné à sa gauche. Assises dans l'herbe, elles formaient une ligne. Un autre groupe se forma également et se positionna à sa droite dans le même ordre. Ismaël se trouvait à présent au milieu de deux lignes. Il regarda à droite puis à gauche en essayant de comprendre ce qu'il se passait.

Toutes les fées regardaient Ismaël, avec un bras tendu dans la même direction. Ismaël ne comprenait pas pour quelle raison elles s'étaient positionnées de cette manière. Toutes les ailes des fées vibrèrent en même temps, émettant une douce mélodie. Cela renforça l'intensité de la lumière qui se dégageait de ces petits êtres.

Il semblait tout à coup que la nuit était moins sombre. L'image était surprenante.

Pendant ce temps, Héloïse s'était réveillée, car elle avait froid. En effet, le plaid était tombé par terre et la position assise dans laquelle elle était depuis plusieurs heures commençait à réveiller quelques douleurs dans les jambes et dans le dos de la vieille dame. Elle regarda sa montre et constata qu'il était plus de deux heures du matin. Elle ne se souvenait plus à quelle heure elle s'était assoupie. Elle se sentait fatiguée. La station prolongée dans un fauteuil n'est pas confortable pour une dame de mon âge, soupira Mme Hacket.

Héloïse constata que la chatte n'était toujours pas revenue.

Tant pis, elle se dit qu'à présent il était temps d'aller se coucher. Elle pensa que Manoucha reviendrait d'elle-même. La vieille dame se dirigea vers la porte d'entrée pour vérifier qu'elle était toujours entrebâillée pour permettre à l'animal de rentrer.

Quand toutà coup, elle aperçut de la lumière à l'extérieur. Surprise, elle s'arrêta, puis elle s'approcha insensiblement de la fenêtre et observa. Et ce qu'elle vit fut un choc. Elle fit une découverte aussi inattendue que stupéfiante. « Mon Dieu, est-ce possible ? » Héloïse était troublée. Elle ne comprenait pas. Cela ne correspondait pas du tout à ses prévisions.

– Alors, c'est lui ! chuchota la vieille dame, se parlant à elle-même.

Décontenancée par la situation, un brin irritée, presque vexée parce que ce n'était pas ce à quoi elle s'attendait, Héloïse Hacket recula. Elle récupéra son plaid d'un geste vif. Elle décida qu'elle en avait assez vu et monta se coucher.

Curieusement, elle s'endormit aussitôt, avec dans la tête une phrase qui revenait sans cesse :

« Il faut cesser de regarder les choses pour les voir. »

Quant à Ismaël, il était toujours là à essayer de comprendre ce que les fées tentaient de lui dire. Au bout de quelques minutes, il comprit qu'elles l'invitaient à avancer, elles lui montraient un chemin à suivre. Comme pour rassurer l'enfant, à l'instant où il marcha bravement vers les ombres tapies au fond du jardin, elles se mirent à taper des mains. L'enfant perçut une douce vibration, comme le bourdonnement de milliers d'abeilles.

Puis d'un seul coup, plus rien, un grand silence, plus aucun bruit. Ismaël écouta attentivement. Alors, il entendit un miaulement, un tout petit miaulement imperceptible. Il n'osa plus bouger. Il ne savait pas si c'était à nouveau son imagination qui lui jouait des tours ou si l'appel de la chatte était réel. Il s'accroupit. Il prononça son nom, « Manoucha », doucement, doucement tout en se relevant pour essayer de repérer d'où venait le miaulement.

À présent, il n'y avait plus aucun doute, il avait bien entendu un « miaou » distinct. Il se rapprocha de l'endroit à tâtons. Il continua, tout en avançant, à l'appeler :

– Manoucha, Manoucha, viens c'est moi, Ismaël.

Ce fut un instant magique, Ismaël sentit le bout du nez froid de la chatte contre sa main. C'était bien elle !

– Tu es là, ma belle, viens, viens n'aie pas peur, je vais te ramener près de ta maîtresse, n'aie pas peur !

Alors, délicatement il attrapa l'animal et le serra contre lui. Il se souleva très lentement, puis ouvrit un pan de sa parka et glissa à l'intérieur Manoucha qui se lova contre son corps.

Quand il se retourna, toutes les fées avaient disparu. Le jardin était redevenu sombre. Ismaël était déçu, il regrettait de ne pas avoir eu le temps de remercier ses amies de leur aide. Il ralluma sa lampe de poche et marcha en direction du perron. À ce moment-là, une pluie dense se mit à tomber. Il accéléra le pas, monta les trois marches et poussa la porte d'entrée avec ses pieds.

Son cœur battait très vite, l'émotion était forte. Un sentiment de soulagement mêlé à de la fierté envahissait l'esprit du jeune garçon. Il avait réussi. Grâce à lui, la chatte avait retrouvé son chemin !

Maintenant, il fallait affronter la vieille dame. Comment allait-elle réagir ? Il n'était pas censé être là, et surtout à une heure aussi avancée de la nuit. Il ne savait vraiment pas comment il allait aborder Héloïse, elle était si en colère contre lui quelques heures auparavant ! Il entra dans la maison et se retrouva au milieu du salon.

À la grande surprise du jeune garçon, il n'y avait personne. Le fauteuil dans lequel Héloïse dormait profondément quelques heures auparavant était vide. La tension en Ismaël retomba d'un seul coup. Il déposa la chatte par terre, elle déguerpit vers la cuisine où se trouvait sa gamelle. Il était à nouveau déçu. Il aurait tellement aimé parler avec Héloïse pour avoir une explication franche et dissiper tout malentendu sur son comportement de l'après-midi.

Désarçonné, il resta plusieurs minutes, debout les bras ballants. Il était là tout seul, ses cheveux trempés par la pluie cachaient la moitié de son visage. Il ne bougeait pas. Puis au bout d'un moment, Ismaël se réveilla de sa torpeur et repartit en prenant la précaution de bien refermer derrière lui la porte d'entrée afin que l'animal ne puisse plus ressortir. Il voulait être certain qu'à son réveil, le lendemain matin, Héloïse aurait la joie de retrouver sa chatte adorée. Il laissa derrière lui au beau milieu du salon la trace de son passage, une petite flaque d'eau, sa parka avait ruisselé sur le sol.

Il escalada à nouveau le muret du jardin et repartit en direction de sa maison. Sans faire de bruit, il ouvrit la porte, monta les escaliers très doucement pour ne pas faire craquer les marches.

Quand il passa devant la chambre de sa mère, il colla son oreille contre la porte. Il n'entendit aucun bruit, sa mère devait dormir à poings fermés. Une fois dans sa chambre, Ismaël se déshabilla en vitesse, il bâilla plusieurs fois.

Après toutes ces émotions, il se sentit très fatigué, mais le cœur léger avec le sentiment du devoir accompli.

Juste avant d'éteindre sa lampe de chevet, il s'aperçut que le petit mot qu'il avait laissé à l'attention de sa mère avait disparu...

Quand Ismaël se réveilla le lendemain matin, il avait la sensation d'avoir dormi d'un seul trait. Il lui fallut quelques instants pour se rappeler qu'il était sorti pendant la nuit et qu'il avait retrouvé la chatte.

Bizarrement, il ne se souvenait plus de sa rencontre

avec les fées. Il se rappelait simplement qu'au moment de s'endormir il avait remarqué l'absence du mot laissé pour sa mère sur son bureau. Il s'habilla et c'est avec un peu d'appréhension qu'il descendit l'escalier rejoindre sa mère pour le petit déjeuner. Il ne savait pas comment il allait aborder le sujet avec elle. Il lança d'une manière désinvolte :

– Bonjour maman !

– Bonjour Ismaël, lui répondit sa mère en présentant à son fils un bol de chocolat chaud.

Alice s'assit comme chaque matin en face de l'enfant et continua son petit déjeuner sans autre commentaire. Le repas se poursuivit en silence. Ismaël fut surpris. Il pensait qu'Alice allait lui parler de sa sortie nocturne, mais non. Elle semblait soucieuse, mais sans être en colère contre lui. Il déposa son bol dans la machine à laver, puis remonta chercher son cartable et redescendit rapidement les escaliers.

Au moment de partir, sur le pas de la porte, il osa questionner sa mère :

– Dis maman, tu crois que madame Hacket est toujours en colère contre nous ?

– Je ne sais pas, nous verrons bien. Je vais y retourner ce matin et j'essayerai de lui parler. Nous en rediscuterons ce soir si tu veux bien. À présent, il est temps d'aller à l'école.

Alice déposa Ismaël devant le portail de l'établissement scolaire, en lui faisant un petit signe de la main comme chaque matin. Elle repartit en direction de la maison de la vieille dame avec la sensation d'avoir dans les chaussures une chape de plomb. Elle tourna et retourna plusieurs fois dans sa tête la manière dont elle allait s'excuser auprès de la vieille dame, sans être satisfaite de la tournure de ses phrases. Et si la chatte n'était pas revenue ? Alice n'osait même pas l'imaginer...

Perdue dans ses pensées, Alice progressait dans la ruelle comme un automate.

Avec beaucoup d'appréhension, la jeune femme sonna trois fois pour annoncer son arrivée.

Contre toute attente, la chatte l accueillit en venant se frotter contre ses jambes.

– Tu es là, toi ? dit Alice en se baissant pour la caresser.

Quel soulagement pour la jeune femme de voir l'animal dans la maison ! Manoucha répondit à ses caresses en miaulant et en la regardant fixement. Alice se releva d'un bond, la chatte soutenait son regard avec dans les yeux un éclat fauve... envoûtant. Elle frissonna et aperçut la vieille dame qui se tenait devant elle. La jeune femme fit un bond en arrière.

– Je ne voulais pas vous faire peur, Alice. Bonjour, dit Mme Hacket.

– Bonjour madame, répondit Alice en baissant les yeux.

– Vous voyez, Manoucha est revenue ! s'exclama Héloïse. Écoutez ma petite Alice, maintenant que tout est rentré dans l'ordre, je considère que l'incident est clos.

– Je voudrais m'excuser madame...

– Taratata, n'y pensons plus ! répondit Héloïse en coupant la parole à Alice. Nous sommes parties sur de mauvaises bases depuis quelque temps toutes les deux. Votre fils ...ses bêtises. Tout ceci est sans importance ! Considérez que vous pouvez désormais venir le soir avec Ismaël. Cela ne me dérange pas !

– Je vous suis reconnaissante madame Hacket, merci... Je...

– Mais, j'ai besoin de vous ma petite Alice ! rétorqua la vieille dame. Et tenez, voici les listes. Il est temps d'aller au marché ! À tout à l'heure dit Héloïse en repartant vers la cuisine.

Alice resta quelques secondes sans bouger, les listes des courses dans la main, hébétée par cette discussion aussi expéditive. Elle n'avait pas pu placer un mot, la vieille dame avait fait les réponses et les questions. Son attitude était parfois vraiment étrange et imprévisible. Elle mérite bien sa réputation de vieille originale, pensa Alice tout en se dirigeant vers le village le panier à roulettes en main.

Cette balade au marché fit le plus grand bien à la jeune femme. L'air pur, la gentillesse des commerçants lui mit du baume au cœur après tous les rebondissements de ces dernières vingt-quatre heures !

Le reste de la matinée se passa sans problèmes. Héloïse resta à l'étage dans sa chambre avec quelques courtes apparitions. À chaque fois, elle passa devant Alice les yeux perdus dans le vague tout en souriant gentiment à la jeune femme. C'était étrange.

Le soir, Alice alla récupérer Ismaël et lui annonça que tout s'était bien passé avec Héloïse. Elle conservait son emploi et il pouvait venir avec elle sans déranger la vieille dame. A la fin, elle précisa que la chatte, par miracle, était revenue ! À cette annonce, Ismaël ne fit aucune remarque. Alice encouragea Ismaël à avoir dorénavant un comportement exemplaire et surtout ne plus laisser sortir la chatte sous aucun prétexte. Ismaël promit.

Il ne comprenait plus rien ! Mais, ouf ! Tout était rentré dans l'ordre. Ismaël était soulagé.

Lorsqu'ils arrivèrent devant la maison de la vieille dame, comme la première fois, Ismaël avait les jambes qui tremblaient. Il ne savait pas comment il devrait se comporter devant Héloïse.

Les trois coups de sonnette le firent tressauter. Dés que le jeune garçon s'avança dans le hall d'entrée, Manoucha sauta des genoux de sa maîtresse et se précipita vers lui. Elle manifesta une grande tendresse en se frottant contre ses jambes, en miaulant et en lui donnant d'affectueux coups de langue râpeuse sur le dos de sa main.

Ismaël fut très gêné, car spontanément à la vue de la chatte, il s'était baissé vers elle et la caressait. Il n'osait pas regarder en direction d'Héloïse. Alice et la vieille dame observaient la scène.

– Visiblement Manoucha est très contente de te voir ce soir, Ismaël, commenta Héloïse. Comme si elle te connaissait bien... à présent ! Ce dernier mot fit sursauter légèrement Ismaël. Il se reprit.

– Bonsoir, madame Hacket, répondit le jeune garçon tout en se relevant. Je suis très heureux de voir que Manoucha est revenue. Je l'aime beaucoup...vous savez.

– J'en suis certaine ! D'ailleurs, les animaux ne se trompent pas, ils savent eux qui les aiment vraiment !

– Allez viens Ismaël, ne dérange pas plus longtemps madame Hacket, intervient Alice, va dans la cuisine faire tes devoirs !

Tout en avançant, Ismaël tenta un regard en direction de la vieille dame. Il lui semblait qu'elle l'observait d'une manière particulière. Il en était presque certain, elle le scrutait derrière ses petites lunettes en écaille. Il sentit son regard dans son dos. Il était mal à l'aise.

Ismaël restait sagement dans la cuisine. Il ne savait pas si cette demande venait de la part de la vieille dame ou si c'était sa mère qui lui imposait cette retenue quotidienne. Depuis le dernier épisode où ils avaient tous frôlés l'incident diplomatique, Ismaël n'osait plus rien demander à sa mère. Il regrettait simplement de ne pas pouvoir sortir de cet espace clos. Il continuait bien sûr, à épier tous les moindres bruits de la maison derrière la porte de la cuisine.

La curiosité est plus forte que tout.

Au bout du deuxième jour, n'y tenant plus, Ismaël tenta une nouvelle sortie clandestine pendant les deux minutes trente. Il y avait tant de choses qui l'intriguaient dans cette maison.

Il régla sa montre et sortit. Manoucha dormait sur le fauteuil, elle leva un œil à la vue du jeune garçon. Ismaël posa un doigt sur sa bouche, chut ! La chatte lui fit un clin d'œil et se rendormit. Vraiment, drôle d'animal ! pensa à nouveau Ismaël. À présent, il n'en doutait pas, il pouvait compter sur la coopération de l'animal, Manoucha ne le dénoncerait pas ! Désormais, ils étaient amis.

Ismaël se dirigea vers la cheminée du salon. Quelque chose l'intriguait, il voulait en avoir le cœur net. L'enfant s'approcha et regarda un bon moment le feu crépiter. Instinctivement, il approcha sa main et sentit la chaleur. Mais cette sensation était particulière. Il avança sa main au-dessus des flammes et bizarrement il ne sentit rien.

C'était étrange.

Pourtant, il y avait des cendres. Il les toucha avec sa main, il avait à présent des traces noires. Il s'essuya sur son pantalon puis il effleura les bûches. Elles étaient bien réelles. D'ailleurs, à côté de la cheminée il y avait un panier rempli de morceaux de bois. Il avait même aperçu plusieurs fois le jardinier en train d'en couper.

Mais, comme la bougie, le feu semblait ne pas se consumer. Quand il passa à nouveau sa main au-dessus des flammes, il ne ressentit aucune brûlure, mais la même sensation qu'un instant auparavant. Il émanait bien une impression de chaleur de cette cheminée, d'où provenait-elle ? Pourquoi Mme Hacket entretenait-elle tous les jours un « faux feu » ? À quoi cela lui servait-il ? Dans cette maison, les sources de lumière étaient peu communes !

Est-ce que la mère d'Ismaël avait remarqué cette particularité ? Elle qui s'occupait de la maison, elle devait bien nettoyer autour de la cheminée ? Oserait-il lui poser la question ?

C'est la tête pleine de toutes ces interrogations qu'Ismaël rejoignit sur la pointe des pieds la cuisine, sa montre venait d'émettre le petit bip discret annonçant la fin de sa récréation...

Le troisième jour, Ismaël ressortit. Il fila sans perdre de temps vers la cheminée. La marque qu'il avait laissée dans les cendres était toujours là. Les bûches n'avaient pas bougé du tout, la hauteur de la flamme était identique.

Mais quand il passa sa main au-dessus du feu, il ressentit une vive brûlure. Il sursauta. Il mit sa main dans la bouche pour apaiser les picotements. Bizarre ! Le feu aujourd'hui était réel ! Pourtant, hier il n'avait pas rêvé !

Décidément, il ne comprenait plus rien. Il allait repartir quand son regard fut attiré par une statuette. Il stoppa net, il était troublé. Se pouvait-il qu'il ne l'ait pas remarqué depuis tout ce temps ? Il connaissait par avance la réponse.

La statue était en bronze et représentait une magnifique fée. La rencontre de l'autre soir lui revint soudain à la mémoire. C'était la réplique exacte de la jolie créature qu'il avait vue dans le jardin. Il resta quelques secondes à la contempler, il était subjugué. Elle était si belle. Il n'eut pas le temps de l'admirer plus longtemps. Il entendit du bruit à l'étage.

Les deux minutes trente n'étaient pas encore écoulées, mais il semblait bien que, ce soir-là, la vieille dame redescendrait plus tôt.

À peine la porte refermée, Ismaël perçut une discussion entre sa mère et Mme Hacket. Il crut entendre son nom. Les voix se rapprochaient. Héloïse était en train de dire à la jeune femme qu'elle ne voyait plus aucun inconvénient à ce qu'Ismaël, une fois ses devoirs terminés, sorte de la cuisine et se promène librement dans la maison ou dans le jardin, suivant le temps.

Et c'est ainsi que l'enfant vit sa liberté grandir.

Quelque temps plus tard, pour la première fois Héloïse envoya Alice au village dans la soirée pour y faire une course. Car elle avait oublié le matin de lui remettre une liste pour la mercerie. Elle avait besoin de boutons. Alice pensa que cela aurait pu attendre le lendemain matin, mais elle ne fit aucune remarque. Elle s'exécuta. Elle prit son manteau et sortit.

Profitant de l'absence d'Alice, Héloïse entra dans la cuisine. Ismaël rangeait sagement son cartable, il venait de finir ses devoirs.

CHAPITRE III

La vieille dame et l'enfant

A l'arrivée de Mme Hacket, Ismaël se raidit. C'était la première fois qu'il se trouvait seul dans la maison avec la vieille dame. Cette situation était nouvelle pour lui et il ne savait pas comment réagir. Même si les relations avec Héloïse s'étaient détendues depuis que celle-ci l'autorisait à sortir de la cuisine, Ismaël ne savait toujours pas comment se comporter vis-à-vis d'elle.

Bizarrement, il ne comprenait pas pourquoi la vieille dame n'avait jamais fait allusion au retour de l'animal. Il y avait chez l'enfant des désirs contradictoires ; à la fois il aurait aimé éclaircir ce point avec Héloïse et en même temps il redoutait le jour où celle-ci allait lui en parler. Car il savait bien au fond de lui que ce jour-là arriverait tôt ou tard.

Et c'est la raison pour laquelle, le jeune garçon pensait que la vieille dame allait profiter de l'absence de sa mère pour engager la conversation avec lui. Héloïse s'aperçut du trouble de l'enfant et tenta un sourire.

Étonnamment, la vieille dame semblait elle aussi gênée et pourtant elle s'avança, d'un pas déterminé, vers la cuisinière. Elle prit une casserole, mit de l'eau dedans, et la fit chauffer. Ismaël avait terminé de ranger son cartable et il resta debout gauchement sans savoir s'il devait quitter la pièce ou s'il devait rester. La vieille dame rompit le silence devenu pesant et engagea la conversation :

– Je vois que tu as terminé tes devoirs, Ismaël ?

– Oui madame, répondit poliment l'enfant.

– Je vais me préparer ma tisane, veux-tu quelque chose à boire ?

– Euh... oui, je veux bien.

– Voudrais-tu goûter ma tisane au thym ?

– Euh... non, je ne crois pas que j'aimerai...

– Suis-je bête, c'est vrai les enfants n'aiment pas les tisanes !! Et du lait ? Aimes-tu le lait ?

– Oui, le lait j'aime.

– Nous pourrions le boire dans le salon, nous y serions plus à l'aise, qu'en penses-tu ?

– Euh, comme vous voulez, cela m'est égal.

– Alors si tu veux bien, pendant que je vais préparer nos boissons, tu vas apporter ce plateau au salon. Et sans le renverser cette fois-ci ! s'exclama Héloïse en faisant un clin d'œil à l'enfant.

– D'accord, je vais essayer, répondit Ismaël, en souriant.

Héloïse déposa une tasse et un mug sur le plateau et le tendit au jeune garçon. Elle surveilla l'eau dans une casserole et dans une autre versa du lait agrémenté d'un mélange dont elle seule avait le secret.

Pendant ce temps, Ismaël était arrivé dans le salon sans incident. Il attendait patiemment debout. La vieille dame le rejoignit avec une théière fumante, un pot de lait et lui désigna un siège.

Héloïse s'assit dans son fauteuil en face d'Ismaël et servit. Tout en buvant sa tisane, elle observa l'enfant. La vieille dame regardait vraiment le jeune garçon pour la première fois. Elle découvrit alors qu'Ismaël avait un beau visage, des yeux bleus pétillants. Des sourcils épais s'unissant au-dessus du nez accentuaient son regard d'une nuance tantôt grave, tantôt malicieuse. Ses cheveux châtains étaient très touffus, une mèche rebelle tombait sur son front. De par ce grand front et ce regard vif, il se dégageait de l'enfant une certaine force de caractère.

Ismaël sentit le regard d'Héloïse sur lui et il fit de même. Il était impressionné de se retrouver seul avec la vieille dame. C'était une situation peu habituelle pour lui de prendre le thé comme le font les grandes personnes. Il avait l'impression de jouer à la dinette et c'était un jeu pour les filles. Et puis il ne savait pas quoi lui dire.

Cachés derrière le mug de lait, ses yeux observaient en coin Héloïse. Mme Hacket avait l'âge d'être une grand-mère et pourtant elle paraissait plus jeune. Il n'aurait pas su dire si c'était dû à sa peau fine et claire, ses cheveux blancs toujours bien coiffés avec des reflets argentés. Mais c'était surtout la couleur de ses yeux qui marqua l'enfant, verts comme deux pierres de jade polies. Ismaël examina attentivement le reste de son visage, il était très peu ridé. Il appréciait particulièrement son odeur, ses ongles vernis et ses habits toujours impeccables.

Comme deux jeunes fauves ils s'apprivoisèrent.

– Il est drôlement bon ton lait, heu... pardon, votre lait madame Hacket, dit Ismaël en baissant les yeux.

Cette petite erreur de langage, propre aux enfants, fit sourire la vieille dame.

À ce moment-là, la chatte se manifesta en sautant d'un seul bond sur les genoux de sa maîtresse. Elle ronronnait bruyamment sous les caresses d'Héloïse. Elle observa Ismaël, et fit un clin d'œil. L'enfant sourit et comme la dernière fois la chatte semblait sourire elle aussi.

Ismaël fut à nouveau surpris, mais il essaya de cacher son trouble.

La vieille dame lui posa toute une série de questions sur son école, ses amis, ses matières préférées. Ismaël répondit aimablement, mais en étant toujours sur sa réserve. La voix d'Héloïse lui semblait plus douce. Elle paraissait sincèrement intéressée par ses réponses. Ce soudain intérêt pour sa petite personne l'intriguait au plus haut point. Elle n'était peut-être pas aussi méchante qu'il le croyait.

Assise confortablement dans son fauteuil, elle ressemblait à une grand-mère, comme l'enfant l'imaginait dans sa tête. Car en définitive, il avait très peu d'expérience dans les relations que pouvait avoir une grand-mère avec son petit-fils, n'ayant plus de grand-mères. Mais il se sentait bien, à faire la conversation à Héloïse, tout en buvant le lait qui avait un goût particulier, agréable.

Et c'est ainsi qu'au retour du village, Alice trouva son fils en grande conversation avec la vieille dame. Pour la jeune femme, ce fut un soulagement de voir naître une nouvelle relation entre l'enfant et Mme Hacket.

Les jours suivants passèrent dans la même ambiance. L'atmosphère dans la maison devenait de plus en plus légère. Toute la tension de ces derniers jours avait complètement disparu. Pour Alice, tout semblait plus léger, plus facile à dire, à faire. Elle retrouvait enfin, une certaine joie de vivre.

Un soir, pour distraire l'enfant, Héloïse proposa à Ismaël de s'occuper de la chatte. En effet, tous les jours, Héloïse devait passer un peigne dans l'épaisse fourrure de l'animal. Elle expliqua à Ismaël ce qu'il devait faire. Le jeune garçon, tout heureux de se rendre utile, s'appliqua avec minutie à démêler les petites bourres de poils. Manoucha, sur ses genoux, se laissait faire en ronronnant.

Puis une fois sa tâche terminée, Ismaël, mine de rien, s'avança vers la bibliothèque.

Il jeta furtivement un œil en direction de la photo de la petite fille sur son cheval. Comme elle ressemble à Héloïse, pensa le jeune garçon. L'enfant était troublé par ce qu'il éprouvait face à cette image. Il ne savait pas qui était cette petite fille et il ne se sentait pas assez proche de la vieille dame pour lui poser la question. Ses sentiments étaient confus.

Pour la première fois, Ismaël était amoureux. Se pouvait-il qu'il soit amoureux d'une vieille dame ? Mais, non ! Ismaël était amoureux d'une petite fille, pas d'une vieille dame. Sauf que, se disait-il, si cette petite fille est la vieille dame... Ismaël se résigna et accepta son tendre amour pour une adulte que plus personne ne regardait...

Tandis qu'il observait les livres, Héloïse entra dans la pièce. Ismaël ne l'entendit pas arriver.

L'enfant n'osait pas demander pourquoi les livres étaient tous semblables sans titre et sans nom d'auteur. Comme si la vieille dame lisait dans ses pensées, elle lui dit :

– Tu sembles bien intéressé par tous ces livres, mon enfant. Ils t'attirent, n'est-ce pas ?...

– Oui, répondit Ismaël avec un petit sursaut, je les trouve étonnants, différents des autres livres que je connais... euh, enfin je crois.

Héloïse était amusée par la réflexion du jeune garçon, mais elle ne répondit pas à sa demande implicite. Elle prit avec précaution un livre sur une étagère.

– Aimes-tu lire, Ismaël ? le questionna Héloïse.

– Oh ! oui, dit Ismaël avec enthousiasme, j'adore les livres.

– Moi aussi, j'aime les livres.

– Oui, je vois que vous en avez beaucoup et qu'ils sont bien rangés, commenta l'enfant.

– Tu sais, j'ai toujours pensé que les livres étaient comme des amis, il faut en prendre soin. Si tu le veux bien, chaque soir tu pourrais me lire une histoire après avoir fini tes devoirs et pendant que ta maman termine son travail. Regarde, j'ai choisi ce livre pour toi.

Mme Hacket tendit le livre à Ismaël. À ce moment-là, l'enfant découvrit le titre et le nom de l'auteur sur la jaquette en cuir. Assurément, il ne pouvait pas se tromper, il n'avait pas vu quelques minutes auparavant de titre, ni de nom d'auteur inscrit, c'était étrange.

Il lut et dit à voix haute :

– *Le Petit Prince* de Saint-Exupéry. C'est mon livre préféré, je l'ai emprunté une fois à la bibliothèque, et j'ai adoré l'histoire. Je voulais le prendre à nouveau, mais un autre enfant l'avait déjà emprunté. Je voulais le relire et vous avez ce livre ! Comme je suis content, merci Héloïse, euh, pardon madame Hacket, merci beaucoup. Je serais très heureux de vous lire tous les soirs un passage de ce merveilleux livre.

– Je suis très contente que tu aimes lire Ismaël, s'exclama avec enthousiasme la vieille dame. Si tu aimes lire, jamais tu ne t'ennuieras dans la vie. Tu vois, nous avons un point commun tous les deux ! Si tu veux bien, nous pouvons commencer à lire le premier chapitre.

Ce soir-là, quand Alice descendit, elle découvrit son fils assis sur une chaise à côté de Mme Hacket, en train de faire la lecture à Héloïse, installée confortablement dans son fauteuil, la chatte fidèle au poste, sur ses genoux.

Le spectacle de cette complicité entre la vieille dame et son fils l'émut aux larmes. Elle comprit vraiment que désormais tout irait bien entre eux trois. Enfin, ce fut la plus belle journée pour Alice, depuis la mort de son mari. Elle avait retrouvé une certaine sérénité et pouvait envisager l'avenir sous un angle plus facile pour elle.

Quelques jours plus tard, Alice terminait le tour des commerçants par le fleuriste, quand elle aperçut sur la porte vitrée de la boutique, une affiche proposant un duo de chants lyriques qui allait être donné dans le théâtre de la ville voisine.

La jeune femme s'attarda sur le programme. Elle aimait beaucoup les chants d'opéra, mais n'avait jamais eu l'occasion d'aller en écouter. Dagan reconnut Alice derrière la porte de sa boutique et s'avança vers elle. Il ouvrit la porte et engagea la conversation.

– Bonjour madame, vous semblez être intéressée par cette affiche ?

– Bonjour monsieur, oui, je regardais la liste des chanteurs et je me disais que ce serait une belle soirée pour les amateurs d'opéra.

– Vous aimez l'opéra ?

– Oui, beaucoup, j'ai quelques C.D. à la maison et je les écoute de temps en temps.

– Moi aussi j'aime l'opéra, et figurez-vous, deux places m'ont été offertes.

– Vous avez beaucoup de chance ! Vous allez passer une bonne soirée avec votre femme !

– Eh bien, il faut vous dire madame, que je suis comme vous... je suis veuf depuis deux ans.

– Oh ! toutes mes excuses je ne savais pas ! répondit Alice embarrassée.

– Vous êtes tout excusée. Vous êtes bien placée pour savoir que ce n'est pas le sujet dont on parle avec tout le monde. Les deux places sont pour jeudi prochain... Accepteriez-vous de m'accompagner ?

Alice ne s'attendait pas du tout à cette proposition, elle marqua un temps d'arrêt. Elle était troublée.

– Euh, je suis confuse. Je ne sais pas, et puis j'ai mon fils. Il faudrait que je le fasse garder. C'est très gentil à vous de me proposer cette place. Il faut que je voies, que je m'organise.

– Vous avez le temps, il reste encore trois jours. Il suffit que vous me le disiez la veille. Et puis, cela vous laisse le temps de vous organiser pour votre enfant... En tout cas, je serais très heureux de partager cette soirée avec vous.

Le fleuriste donna à Alice la rose blanche pour Mme Hacket. Elle le remercia et repartit en direction de la maison d'Héloïse.

Durant le trajet du retour, Alice pensa à la perspective de cette soirée. Elle se disait qu'il y avait longtemps qu'elle n'avait pas eu l'occasion de sortir, de se changer un peu les idées.

Pour Ismaël, elle songea à Mme Hacket, leurs relations s'étaient considérablement améliorées depuis un mois et puis c'était la seule personne en qui elle avait totalement confiance pour lui confier son enfant.

C'est dans cet état d'esprit qu'Alice arriva chez la vieille dame. Héloïse remarqua de suite un changement d'expression sur le visage de la jeune femme.

Alice lui donna la rose blanche et osa parler avec elle.

– Madame Hacket, j'ai une demande particulière à vous faire, dit Alice.

– Je vous écoute, répondit Héloïse.

– Voilà, tout à l'heure en allant chercher votre rose, sur la porte vitrée du marchand de fleurs, il y avait une affiche pour un prochain spectacle de chants lyriques. Il se trouve que M. le fleuriste a deux places et me propose de l'accompagner.

– C'est une très bonne idée, s'exclama Héloïse. Cela vous fera le plus grand bien de sortir, ma petite Alice ! Ce fleuriste est un homme fort sympathique. Voulez-vous que je garde Ismaël ?

– Oui, Merci, j'allais vous le demander... si cela ne vous dérange pas trop, rétorqua Alice en rougissant. Je ne connais personne dans le village à qui je pourrai laisser mon fils en toute confiance.

– Il n'y a aucun problème. Au contraire, je serais très heureuse de vous rendre ce service. Vous savez depuis que je connais mieux votre petit garçon, je me dis que c'est un enfant attachant. Je vous propose même qu'il reste dormir à la maison, enchaîna Héloïse. Ce sera beaucoup plus simple pour vous. Il suffira que vous passiez le récupérer le lendemain matin pour l'accompagner à l'école. Qu'en pensez-vous ?

– Oh ! c'est très gentil, mais je ne voudrais pas vous déranger !

– Taratata, ne vous inquiétez pas ! Si je vous le propose, c'est que cela me fait plaisir. Et puis je pense qu'Ismaël sera lui aussi très content de passer la soirée avec moi et de dormir ici. Les enfants adorent dormir à l'extérieur de chez eux ! Et c'est pour quand cette soirée ?

– Jeudi prochain.

– Très bien, entendu pour jeudi prochain, acheva la vieille dame.

Mme Hacket et Alice décidèrent d'un commun accord de ne pas révéler à Ismaël la véritable raison de la sortie de celle-ci. L'enfant ne posa aucune question, tellement heureux de venir passer la soirée avec Héloïse. Il avait à présent beaucoup de tendresse pour cette vieille dame qui le lui rendait bien.

La soirée fut très joyeuse. On ne saurait dire lequel des deux était le plus heureux.

Héloïse était très enthousiaste de remplir le rôle de grand-mère auprès d'Ismaël et l'enfant était tout content de ce changement de programme en plein milieu de la semaine d'école.

Après le dîner, ils passèrent un bon moment à lire *Le Petit Prince* et à parler de choses et d'autres. La vieille dame avait promis à Alice de coucher Ismaël à 9 heures et c'était l'heure.

Elle lui prit la main et l'entraina dans l'escalier. Sa main était douce, son contact agréable. Dans son sillage une odeur de jasmin flottait et venait chatouiller les narines de l'enfant. La vieille dame montra la chambre à l'enfant et le laissa se mettre en pyjama. Ismaël n'en revenait toujours pas de se trouver ici, dans une des chambres de l'étage qui avait tant attisé son imagination les jours derniers ! Il se glissa dans le lit avec bonheur. Les gros coussins étaient moelleux, l'épaisse couette sentait bon.

Mme Hacket passa voir si tout allait bien et dire bonsoir à Ismaël.

– C'était bien de passer la soirée avec vous, dit Ismaël.

– J'ai passé une très agréable soirée, moi aussi. Tu peux m'appeler Héloïse et me tutoyer tu sais, rétorqua Héloïse. Je pense que maintenant nous sommes devenus amis tous les deux, tu ne crois pas ? proposa Héloïse en s'installant à son chevet.

– Je ne sais pas si j'arriverai à vous tutoyer et à vous appeler Héloïse, C'est que vous m'impressionnez encore madame Hacket et puis que va dire ma maman ? rétorqua Ismaël.

– Et si c'était un secret entre nous deux ? Tu ne dis rien à ta maman, devant elle tu me vouvoies et tu continues à m'appeler Madame ! répondit Héloïse en faisant un clin d'œil.

– Oh! tu as fait le même clin d'œil que Manoucha répliqua Ismaël en riant aux éclats.

– Que dis-tu, je ressemble à ma chatte ? Héloïse riait de bon cœur. Alors tu veux bien devenir mon ami ?

– Oui, je suis d'accord, tu es plus rigolote maintenant ! En fait, je te trouve un peu bizarre, dit Ismaël en regardant Héloïse droit dans les yeux.

– Je sais que tout le monde raconte au village que je suis un peu spéciale. On dit même que je suis une vieille dame originale, commenta Héloïse en gloussant. Honnêtement, tu veux connaître mon avis ? J'aime bien que l'on me trouve ainsi. Cela ne me dérange pas du tout, bien au contraire. Être différente des autres, je l'ai été durant toute ma vie. Cette idée d'être comme les autres, ce n'est pas pour moi.

– Alors, tu préfères que l'on dise de toi que tu es originale ? l'interrogea Ismaël.

– Oui, tu as tout compris. Et toi Ismaël, est-ce que tu te sens différent des autres ?

– Oh ! oui, dit l'enfant, je sais que je suis différent parce que mon papa est mort.

– C'est vrai, c'est une différence. Mais tout au fond de toi, est-ce que tu n'as pas la sensation d'un autre sentiment ?

– Je comprends ce que tu veux dire, mais je ne sais pas l'exprimer. Je crois que oui, je ne suis pas comme les autres, mais je ne sais pas pourquoi.

– Au fond tu vois, nous sommes pareils tous les deux. Nous sommes différents et nous le savons, c'est l'essentiel.

– Cela sert à quoi d'être différent, demanda Ismaël. Pour l'instant, je ne vois pas très bien à quoi cela me sert.

– Être différent Ismaël, c'est pouvoir observer le monde qui nous entoure d'une autre manière. Avoir accès à ce don est une grande chance.

– C'est compliqué ce que tu me racontes là, je ne comprends pas.

– Alors, je vais te raconter une histoire Ismaël, je vais te raconter ce qui s'est passé pour moi, quand j'avais ton âge et qui a changé tout le reste de ma vie.

– Oh ! oui, Héloïse, raconte-moi une histoire, j'adore les histoires !

Les yeux mi-clos, sa voix changea de ton. Elle partit dans le monde de ses souvenirs et commença son histoire par cette phrase :

Je me souviens :

J'ai huit ans, je vis dans une jolie maison près d'un lac avec un grand jardin. C'est un peu éloigné de la ville, au calme. Je suis alors une petite fille comme les autres, mais j'aime bien être seule et aller à l'extérieur pour rêver.

Et puis un jour, j'ai fait une rencontre peu ordinaire dans mon jardin. J'ai rencontré des fées. Elles forment une ronde, l'une d'entre elles est debout au milieu du cercle, presque immobile, et les autres dansent autour joyeusement. Leurs vêtements sont faits avec des fleurs et ont des couleurs inhabituelles. Certaines se tiennent par la main. Des bras levés forment une voûte sous laquelle les fées passent dans un savant enchevêtrement. Devant ce spectacle magique et magnifique, j'ai le sentiment de voir un tourbillon d'énergie qui par moment semble monter vers le ciel. Dès qu'elles me voient, elles s'arrêtent et me contemplent sans crainte, d'un air très amusé.

Alors, je crois voir des papillons aux ailes scintillantes. Mais des papillons à cette heure-ci de la journée, ce n'est pas possible. Il est midi et à midi, voir des papillons éclatants, ce n'est pas possible. Pas possible, non. Si ce n'est des papillons, c'est donc... des fées. Oui, des fées !

Puis, elles se mettent à tournoyer autour de moi. Je peux sentir leur présence, même en fermant les yeux. Car chaque fois qu'elles passent près de moi, un souffle léger, parfumé s'exhale. Le bruissement de leurs ailes crée une douce mélodie. Je perçois d'étranges vibrations. Il se dégage d'elles une aura particulière.

Et tout d'un coup, plus aucun bruit, elles sont immobiles et forment un cercle. À cet instant, je les vois distinctement. Je peux alors constater qu'elles sont différentes des humains ; elles sont plus belles et plus grandes. En un instant, elles ont disparu. Seule une d'entre elles est restée. C'est la reine des fées. Son air m'est familier. Ce n'est pas la première fois que je la vois. Je l'ai déjà aperçue dans mon jardin, assise sur une pierre. D'ailleurs, je n'en ai pas cru mes yeux. Elle semble réfléchir, les jambes croisées, une main le long de sa jambe, l'autre appuyée sur son genou soutenant son visage.

La reine des fées est la plus grande du royaume, elle est parée d'ailes diaphanes scintillantes. Sa robe représente une fleur : la marguerite. Les manches et le bas de la robe sont constitués de pétales blancs. Le corps de la robe est jaune comme le cœur des marguerites.

De longs cheveux blonds glissent le long de ses épaules. Sa peau a la délicatesse de la nacre. Ses yeux sont d'un bleu étonnement clair.

Comme toutes les fées, elle ne porte pas de chaussures. Bien qu'étant pieds nus, lorsqu'elle bouge, les reflets de sa peau avec les ombres créent l'illusion qu'elle est chaussée de jolies ballerines. C'est la grande fée et son nom est : An-Gorme. Elle porte autour de son cou délicat une amulette attachée avec une fine chaîne en or. C'est un petit sac vert contenant une minuscule clé.

Pour ceux qui ont la chance de s'approcher d'elle, on

peut lire brodée en lettres dorées sur le petit sac vert l'inscription suivante : « Quiconque pénètre dans le royaume des fées doit posséder la bonne clé. ».

C'est incroyable... la puissance de son regard tout à la fois doux et imposant, l'intensité de sa présence... il se dégage d'elle une grande maîtrise... et comme de la sagesse...

Je suis très surprise lorsque j'entends :

– Je t'attendais Héloïse...

– Mais comment connais-tu mon nom ? ai-je dit.

– Je te connais Héloïse, je vis dans ton jardin depuis plus d'un an et je t'observe chaque jour. Et puis, parce que j'étais là le jour de ta naissance je suis inscrite dans le livre de ton destin, m'a-t-elle répondu de sa voix douce et mélodieuse. J'attendais que tu grandisses, j'attendais que tu sois prête.

– Mais... prête à quoi ?

– Prête à me suivre dans le royaume des fées.

– Te suivre dans le royaume des fées, mais pourquoi ?...

– Toutes les questions n'ont pas forcément de réponse, Héloïse, me dit An-Gorme. Il faudra apprendre à faire confiance, je m'appelle An-Gorme et je suis la reine des fées. Ton destin aujourd'hui est entre mes mains. Tu dois me suivre. Pour un être humain, dans le monde où tu vis, il faut savoir affronter des épreuves difficiles et aussi de merveilleuses aventures. Ton parcours initiatique dans notre monde te montrera qu'après bien des peines tu

connaîtras un avenir merveilleux. Je suis venue vers toi Héloïse, car tu vas être le lien entre nos deux mondes. Les fées veulent connaître le monde des humains, nous voulons apprendre comment votre monde fonctionne, car nous avons beaucoup à apprendre les uns des autres. Le temps est venu où il faut abolir la frontière entre nos mondes, nous ne devons plus nous ignorer. Pour que survivent le monde des humains et le royaume des fées, nous devons vivre ensemble. Nous avons tant à découvrir de nos deux univers, unir nos différences fera notre force. Sinon, le chaos surviendra, tout sera détruit, nos faiblesses s'ajouteront. Le monde ira à sa perte. Mais ne crains rien, Héloïse, la force te sera donnée. Elle te permettra de grandir en toute sérénité, avec assurance et dans le respect de toi-même. Fais confiance Héloïse... un destin merveilleux t'attend.

– Il est où ton pays ? ai-je demandé.

– Le pays des fées n'est pas si éloigné qu'on le croit, il suffit de changer son regard sur le monde et sur les êtres. C'est ce que je vais t'apprendre Héloïse. Nous sommes dans des espaces temporels voisins. Ainsi, nous pouvons à notre guise nous rendre visite en sautant de l'un à l'autre sans difficulté. Muni des bonnes clés et des formules magiques adaptées, il est aisé de passer les portes qui nous conduisent aux pays des fées. D'autres portes enchantées ouvrent sur le royaume magique, mais elles doivent être tenues secrètes pour les adultes, car les grandes personnes ne croient plus aux fées. Depuis longtemps, elles ont oublié leur âme d'enfant, elles

ne peuvent plus accéder au monde magique des fées. C'est la raison pour laquelle, j'ai choisi de venir vers toi, parce que je sais que toi, Héloïse, tu vas comprendre et tu vas permettre aux futures générations de comprendre aussi. Il faudra accomplir ta mission : ta mission de messagère.

Héloïse ouvrit les yeux, reprit une voix normale. Elle sourit à Ismaël.

L'enfant était fasciné par le récit de son amie. Il tortillait sa mèche de cheveux rebelle entre ses doigts. C'était une de ses petites manies. Il le faisait chaque fois qu'il était concentré.

– Waouh ! c'est une belle histoire ! Mais, dis-moi Héloïse, tu les as vraiment rencontrées la reine des fées et ses amies ? demanda Ismaël avec de grands yeux étonnés.

– Oui Ismaël, tout ce que je viens de te raconter, c'est vrai. Cela peut te surprendre, mais j'ai eu cette grande chance dans ma vie de rencontrer ces êtres merveilleux que sont les fées.

– Qu'as-tu répondu à la reine des fées An-Gorme ?

– J'étais un peu abasourdie, tu imagines bien Ismaël, par tout ce que venait de me dire An-Gorme. Je n'ai rien compris à l'époque, au discours de la reine des fées.

Mais elle était si belle, j'étais complètement sous son charme. Cela m'était égal de ne pas tout comprendre. D'ailleurs à l'école non plus, je ne comprenais pas tout, ce qui ne m'empêchait pas d'y aller, comme toi j'imagine... Je ne comprenais pas pourquoi moi, Héloïse, j'avais été choisie pour accomplir une mission particulière sur cette terre. Je n'étais alors qu'une jeune enfant de huit ans, tu vois le même âge que toi, dit-elle en lui faisant un clin d'œil. C'était difficile pour moi d'imaginer jouer un rôle auprès des adultes. Je savais depuis toujours que j'étais différente. Je ne savais pas exactement pourquoi. Mais au fond de moi depuis longtemps, je savais que quelque chose allait se passer dans ma vie. Je n'étais pas effrayée par la présence de la reine des fées. Bien au contraire, j'étais très heureuse d'avoir une nouvelle amie, une nouvelle amie particulière certes, mais une amie avec qui je pourrais avoir une relation privilégiée et différente de celle de mes camarades de classe. Je pris soudain conscience de la chance d'avoir rencontré un être tel qu'An-Gorme.

– Oh ! oui, tu en as de la chance Héloïse, d'être l'amie d'une fée. Ce doit être merveilleux ! répondit Ismaël le regard plein d'étoiles. Il pensa à sa rencontre avec les fées, il se dit qu'il pouvait à présent lui en parler.

– Mais, dis- moi Héloïse...

La vieille dame interrompit de la main le jeune garçon, elle s'était levée, prête à partir.

– Il se fait tard petit bonhomme demain tu as école, il est grand temps de dormir.

– Oh ! s'il te plaît Héloïse, j'ai quelque chose moi aussi à te raconter...

– Non, il est vraiment tard, et je commence à être fatiguée. Je te promets, nous aurons d'autres occasions pour te raconter la suite de mes aventures avec mes amies les fées, répondit Héloïse, sans entendre la demande de l'enfant. Je te souhaite une bonne nuit, fais de beaux rêves. Demain est un autre jour...

Mme Hacket déposa un baiser sur le front de l'enfant. Ismaël serra contre lui Héloïse, un moment, puis relâcha son étreinte.

Ils se regardèrent avec tendresse tous les deux, un grand sourire illuminait le visage de l'enfant.

– Bonne nuit à toi aussi, Héloïse, répondit Ismaël en bâillant. Ton histoire me fait penser à Peter Pan... tu sais le passage où le petit garçon explique : « Chaque fois, qu'un enfant dit : je ne crois pas aux fées, il y a quelque part une petite fée qui meurt.» Aucune fée ne mourra ce soir, car moi je crois à tes fées et à la reine An-Gorme.

En guise de réponse, Héloïse posa l'index sur sa bouche et éteignit la lumière de la lampe.

À peine la porte de la chambre fermée, Ismaël sombra dans un sommeil très profond.

Ainsi, une profonde amitié s'installa entre Ismaël et sa nouvelle amie.

Les jours passaient dans cette bonne entente et l'enfant avait encore en mémoire cette belle soirée en sa compagnie. Il regrettait que sa mère ne sorte pas plus souvent. Et il pensait toujours aux fées...

Puis un soir, profitant de ce que sa mère était à l'étage, Ismaël arrêta sa lecture pour demander à Héloïse s'il pouvait venir la rejoindre ce soir, chez elle. Il avait très envie de connaître la suite des aventures d'Héloïse avec ses amies les fées. Maintenant, il connaissait le chemin pour venir rejoindre son amie à l'insu de sa mère.

La curiosité de l'enfant amusa la vieille dame.

En fait, elle était très heureuse, à présent, à l'idée d'avoir une compagnie le soir. Elle proposa donc à Ismaël, de venir à l'heure qui lui conviendrait. Elle laisserait la porte de derrière ouverte, celle de la cuisine. Elle l'attendrait dans sa chambre, car elle avait l'habitude de se coucher tôt en compagnie d'un bon livre.

Et désormais comme chaque soir, Ismaël, en cachette de sa maman, vint rejoindre Héloïse.

C'était devenu un rituel entre eux, un secret qu'ils partageaient jalousement comme deux enfants.

Ce soir-là, et pour la première fois, Ismaël était en retard. La vieille dame s'était inquiétée, elle pensait que l'enfant était malade. Quand elle l'entendit monter l'escalier, elle comprit que quelque chose n'allait pas. Ses pas traînaient alors qu'habituellement, Ismaël, impatient de la retrouver, grimpait les marches quatre par quatre.

Quand il ouvrit la porte de la chambre, Héloïse l'accueillit avec un grand sourire, posa son livre sur la table de nuit, baissa ses lunettes sur le bout de son nez et tout en le regardant par-dessus ses verres, elle lui demanda :

– Ismaël, comment vas-tu depuis tout à l'heure?

– Bof, pas trop, je ne suis pas très bien, je ne sais pas pourquoi. Tout d'un coup, je me suis senti triste, enfin, je crois, je ne sais pas vraiment, dit Ismaël tout en regardant ses pieds.

– Tu sais pourquoi tu es triste ?

– Je trouve le temps long, le temps est long quand on est petit, j'aimerais tellement être déjà un adulte, soupira Ismaël.

– Je te comprends, moi aussi enfant, je ne pensais qu'à une seule chose, grandir, grandir au plus vite, répliqua Héloïse tout en posant ses lunettes sur le coin de la table de nuit. As-tu une idée de ce que tu voudrais faire plus tard ?

– Non, hélas ! et c'est ce qui me rend triste. En plus, je me trouve tellement moche. Tu sais, je me suis bien regardé dans la glace l'autre jour. J'ai bien vu que je n'étais pas beau. Ah ! je ne suis pas comme cet Arthur de ma classe. Toutes les filles sont amoureuses de lui... poursuivit le garçon la voix tremblante. Personne ne fait attention à moi !

L'enfant marqua une pause et reprit.

– Tu sais, je me suis dit alors, si on n'est pas beau, personne ne vous aime. Je ne pourrai pas réussir dans la vie.

– Tout d'abord, je ne te trouve pas laid. Ensuite, ce n'est pas vrai qu'il faut être beau dans la vie pour réussir. Je t'aime moi, tu le sais bien.

– Oui, mais toi, ce n'est pas pareil, tu es une vieille dame !

– C'est vrai, mais cela fait au moins une personne qui t'aime, et puis tu oublies ta maman.

– Oui, oui, ce n'est pas exactement ce que je voulais dire, je veux dire que je suis triste, car il n'arrive jamais rien dans ma vie. Ma vie est triste parce que je suis triste. Tu vois bien, même quand je parle, je tourne en rond... J'ai comme une blessure au fond du cœur quand je regarde les autres, tout semble leur réussir et pas moi.

– Je comprends Ismaël. Ce sont des sentiments bien douloureux pour toi. Et ce sentiment de tristesse, cela fait longtemps que tu le sens en toi ?

– Oui, depuis un moment.

– Et qu'est-ce qui a créé cette tristesse. Tu semblais tout heureux tout à l'heure avec moi pendant que nous lisions *Le Petit Prince* .Quelque chose s'est passé depuis ?

– Non, rien comme d'habitude. Nous avons mangé

avec Maman, puis je suis allé dans ma chambre. Et là, j'ai repensé au petit prince, il est tout seul, lui aussi.

– Je te comprends Ismaël. Moi aussi, il m'arrivait enfant d'être triste, de douter de la vie, de me dire que je ne serais pas quelqu'un de bien.

Héloïse fit une pause et regarda avec tendresse Ismaël. Que de questions importantes dans la tête d'un petit garçon, pensa-t-elle.

– Veux-tu que je te raconte une histoire ?

– Oh ! oui, avec les fées, j'imagine...

Ismaël, était resté au pied du lit, les mains appuyées sur le dessus du cadre en fer blanc ajouré. Alors, Héloïse qui était couchée, presque ensevelie sous ses sept oreillers et ses nombreuses couvertures, se redressa. Assise maintenant dans son lit, elle fit venir Ismaël à ses côtés. Elle le serra contre elle puis, alors qu'il se blottissait, elle le repoussa un peu.

Héloïse se tourna vers le petit garçon, essuya une larme restée au coin de son œil.

Et comme à chaque fois, lorsqu'elle partait à la rencontre des fées, sa voix changea de ton. Les yeux mi-clos, elle partit dans le monde de ses souvenirs et commença une nouvelle histoire par sa phrase rituelle :

Je me souviens :

Un jour, la reine des fées me voyant si triste, la tête

cachée dans mes genoux en train de pleurer, s'approche de moi, me relève doucement le menton et de sa voix posée, m'offre une parole réconfortante : « Viens, petite Héloïse, sèche tes larmes et viens, oui, viens, n'aies pas peur... Exceptionnellement pour toi, je vais ouvrir les portes de ton futur... quelques secondes... pas plus... »

La fée allait enfreindre une règle, car il lui était interdit de laisser entrer de simples mortels dans le royaume des fées.

Alors, d'un geste large, précis et puissant elle ouvrit grand ses bras et écarta le ciel. Alors, moi... à ce moment, je lève les yeux. Il était soudain d'un bleu plus pur, plus beau, plus mousseux. Je vois devant moi, là, devant mes yeux, une femme blonde aux cheveux courts, avec une belle robe. Je la vois, elle flotte dans le ciel avec l'aisance d'un oiseau. Sur fond noir, la robe est parsemée d'une myriade de fleurs beiges, comme des marguerites. Elle est resserrée au niveau de la poitrine, puis s'évase progressivement. Son corps se meut avec grâce.

La légèreté de sa silhouette m'emplit soudain d'une sensation bizarre.

Elle est de dos et marche d'un pas assuré, elle paraît tellement réelle et en même temps comme moi. Elle tourne la tête, s'arrête un moment pour me regarder, elle me regarde. Je vois son profil. C'est drôle, à ce moment-là elle tripote le bout de son nez à plusieurs reprises. Le mien aussi me picote ; comme par mimétisme, je refais le même geste presque sans m'en rendre compte. Mon cœur bat très vite dans ma poitrine, les battements résonnent jusque dans ma tête, j'ai un peu le tournis.

Je crois aimer cette personne d'emblée, alors que je ne l'ai jamais vue. La sensation est troublante. À présent, elle est de trois quarts, elle sourit, elle paraît tellement heureuse ou plutôt... sereine. Sa robe est légèrement soulevée par le vent, elle lève les bras avec grâce et insensiblement elle commence à tournoyer. Elle tournoie, tournoie, elle rit. Sa danse se transforme en une valse sautillante improvisée. Elle attrape un pan de sa robe de chaque côté et tourne, tourne, tourne sur elle-même. C'est une adulte et pourtant... et pourtant elle danse drôlement. Seuls les enfants, pensais-je en ces temps où j'étais moi-même une enfant, s'amusent à tournoyer de la sorte, pas les grandes personnes.

C'est très étonnant, elle est à la fois si proche et si lointaine de moi : une adulte qui aurait gardé son cœur d'enfant. Je tends les doigts vers elle comme pour la toucher, mais à ce moment- là elle disparaît et le ciel se referme. Je baisse la tête, prête à me remettre à pleurer tellement je suis déçue, c'était trop court !

An-Gorme qui se tient derrière moi, ses mains sur mes épaules, rapproche très lentement son visage, pose presque sa bouche sur mon oreille et me chuchote :

– Alors qu'en penses-tu ?

– Comme cette dame est belle !

– L'as-tu reconnue ?

– Non, mais j'aimerai bien lui ressembler plus tard, elle est si belle...

– As-tu bien regardé Héloïse, as-tu laissé vivre ton intuition comme je te l'enseigne depuis quelques jours ?

– Qu'est-ce que veut dire « intuition » ?

– Ton cœur, Héloïse...

– C'est vrai que j'ai eu une drôle de sensation en la voyant...

– Et alors ?

– Je n'ose pas le dire... je, je, je crois que c'était quelqu'un de ma famille !

– De ta famille oui, mais encore...

– ...

– Héloïse, tu ne te fais pas encore assez confiance, parle avec ton cœur et non avec ta tête. Que dit ton cœur ?

– Il me dit que c'était moi... adulte, mais c'était un rêve, comme dans un rêve.

– Non, ce n'est pas un rêve c'est un cadeau que je t'offre pour t'aider à avoir confiance en la vie, à avoir confiance en toi à l'avenir. Tu es destinée à accomplir de merveilleuses choses, mais tu ne le sais pas... encore.

– Mais comment faire ?

– Ce qui compte c'est de toujours penser avec son cœur. Fais tes demandes dans l'infini des possibles, un possible qui a la réponse à ta question.

– Alors, il suffit de m'imaginer une belle jeune femme

et je deviendrais cette belle femme ?

– Oui, parce qu'alors toute ta vie, tous tes actes iront dans ce sens. Sans t'en rendre compte, tu arriveras à ce but parce que tu auras osé faire cette demande à la vie ; la vie se chargera du reste. Il suffit d'y croire, Héloïse, il suffit de le vouloir de tout son cœur. Pour le reste, laisse-toi guider.

– Alors, il suffit que je le demande intensément et de tout mon cœur ?

– Oui Héloïse, avec l'étincelle magique de ton cœur. Ce que tu seras en dedans de toi, se reflétera à l'extérieur. Tu seras belle parce que tu seras belle dans ton cœur.

Cette jeune femme c'était toi à quarante ans, à la force de l'âge, en pleine maturité. Je voudrais que tu gardes en souvenir cet instant, comme un songe magnifique dans lequel tu étais une belle jeune femme, dans le déploiement de tout ton être, sans limites, sans échecs...

Puis, avant de repartir la fée me chuchote quelques mots à l'oreille.

Héloïse, reprit une voix normale, ouvrit les yeux et sourit à Ismaël.

– Comment trouves-tu mon histoire ?

– Elle est magnifique. Cet instant tu l'as vraiment vécu ?

– Oui, Ismaël, je me suis vue adulte et c'est un moment que je n'ai jamais oublié, confirma Héloïse. As-tu compris, de quoi parle cette histoire ? questionna Héloïse.

– Depuis ce jour, tu n'as jamais plus été triste.

– En quelque sorte, on peut le dire de cette manière. Te souviens-tu du sentiment que tu avais au fond de toi lorsque tu as décidé de retrouver Manoucha ?

– Oui, j'étais vraiment décidé à la retrouver. J'étais persuadé que j'allais réussir parce que j'avais un plan.

– Tu y croyais vraiment. Tu avais cette certitude dans ton cœur que tu ne pouvais pas échouer. Et ce jour-là, tu l'as fait inconsciemment. Tu l'as fait en écoutant ton cœur. Tu t'es fait confiance et tu n'as jamais douté de ta réussite. Je voudrais t'expliquer : il y a deux manières de voir la vie. On peut toujours regarder les points positifs ou les points négatifs. Beaucoup de personnes regardent seulement les points négatifs de la vie. Pour ma part, j'ai toujours essayé de voir dans chaque situation le côté positif. C'est comme si tu regardes un verre rempli d'eau à moitié. Tu peux dire que le verre est à moitié vide. C'est cela, regarder la situation du côté négatif. Tu peux aussi dire que le verre est à moitié rempli, et là tu regardes la vie du bon côté.

– Elle me plaît bien l'image avec le verre. Je comprends ce que tu veux dire.

– Depuis le jour où An-Gorme m'a montré la belle jeune femme que j'allais devenir, j'ai toujours essayé de regarder la vie dans cette direction. Tu seras toujours heureux dans ta vie si tu adoptes cette manière de penser. Regarde, tu as eu un grand chagrin en perdant ton papa. Ta maman a été obligée alors, de travailler...

– Je comprends, s'écria Ismaël, en coupant la parole à Héloïse, si mon papa n'était pas mort, je ne t'aurais pas rencontré.

– C'est juste, tu vois que c'est une situation injuste de perdre si tôt un être cher, alors la vie compense par la rencontre d'une autre personne.

– En plus, je n'ai pas de grand-mère, et toi maintenant tu es devenue pour moi en quelque sorte ma grand-mère. Non, c'est encore mieux, tu es mon amie et j'ai choisi de devenir ton ami.

– Tu as tout compris Ismaël, c'est exactement ce que je voulais te transmettre comme message. La vie est merveilleuse si on apprend à faire confiance, parce que la vie, elle, elle sait ce qui est juste pour chaque personne. De chaque épreuve nous pouvons ressortir grandis. J'accepte chaque épreuve, parce que je sais que je vais découvrir une autre manière de penser.

– Mais, qu'est-ce qu'elle t'a dit la fée avant de repartir ? demanda Ismaël les yeux pétillant de curiosité.

– La fée m'a fait un dernier cadeau en me donnant une clé pour voir la vie. Elle nommait cette attitude les franges d'or de la vie ; c'est se faire confiance et faire confiance à la vie, confirma Héloïse, tout en regardant l'heure sur le cadran de son réveil. Il est minuit, il est temps d'aller se coucher jeune homme. C'est vraiment tard pour un garçon de ton âge, dit la vieille dame avec un petit sourire aux lèvres.

Elle caressa tendrement la tignasse brune d'Ismaël et sans qu'il s'aperçoive de quoi que ce soit, elle déposa comme chaque soir sur ses cheveux, quelques pincées de poudre d'or. Elles papillonnaient au dessus de sa tête alors que le jeune garçon s'efforçait de se lever. Il était tellement bien avec son amie, et en plus elle sentait si bon. Une odeur particulière, difficile à définir, entre la senteur délicate de la poudre de riz et une autre plus subtile : celle de la poussière bleue d'étoiles.

– Fais de beaux rêves mon chéri, lui dit affectueusement Héloïse,

– Je voudrais te poser une question....

– Demain, demain, coupa la vieille dame, allez file, tu as école demain. Nous en reparlerons, je te le promets. Laisse la nuit se poser sur tes questions, tu y verras plus clair à ton réveil. N'oublie pas, quoiqu'il puisse t'arriver, ne perds pas ton innocence d'enfant, c'est le plus important !

– Qu'est-ce que c'est l'innocence ?

– C'est par exemple, poser des questions, mon petit.

Ismaël obéit avec regrets. La vieille dame d'un air amusé regardait le jeune garçon repartir avec cette poussière d'or qui flottait au-dessus de lui, elle lui avait insufflé les franges d'or de la vie. Ismaël fit un petit signe à son amie et lui lança un baiser de la main.

C'était étrange, chaque fois, il lui semblait que les yeux d'Héloïse s'allongeaient. Comme les yeux d'un chat, ils prenaient une teinte dorée, ils étaient plus brillants, plus malicieux. C'était toujours à ce moment-là que surgissait Manoucha. Elle venait se mettre en boule, au pied du lit de sa maîtresse, tout en ronronnant.

« Fais de beaux rêves, fais de beaux rêves », ces mots résonnaient dans la tête d'Ismaël, qui descendait les escaliers en bois à califourchon sur la rampe. Arrivé en bas, il sauta d'un bond, sortit de la maison sans faire de bruit, puis escalada avec agilité le mur en pierres.

Ses soirées avec son amie l'enchantaient. Il en ressortait toujours très heureux, le cœur léger et surtout plein d'espoir... Il était un peu fatigué et rêvait de la chaleur de sa couette.

Comme chaque soir avant de partir, il avait pris la précaution de laisser la fenêtre de sa chambre légèrement entrebâillée. Il pouvait ainsi revenir sans faire de bruit pour ne pas réveiller sa mère qui ne se doutait absolument pas de ses sorties nocturnes.

Jamais, il n'avait ressenti de fatigue le lendemain. Aucune trace sur son visage de ses veillées tardives, il n'en revenait pas lui même, il se sentait même dans une excellente forme !

Il poussa la fenêtre... RIEN... elle ne bougea pas d'un pouce. Il insista et appuya un peu plus fort... toujours rien.

– Zut, dit Ismaël, zut et rezut ! Maman a fermé la fenêtre !

Elle est venue dans ma chambre, pensa-t-il, peut-être le vent l'a fermée pendant mon absence.

Loin de se décourager, il fit le tour de la maison et tenta de trouver une porte ou bien un volet qui serait resté ouvert.

Mais malheureusement tout était bel et bien fermé. Il n'avait pas d'autre choix que de retourner chez Mme Hacket.

Ensemble ils trouveraient bien une solution à son problème, songea-t-il, le cœur plein d'espoir.

Il rebroussa chemin. Arrivé devant la porte de la cuisine, elle était fermée. Héloïse avait dû descendre juste après son départ !

Pas de chance, pensa le jeune garçon. Je vais faire le tour de la maison, on ne sait jamais...

Et une à une, il essaya toutes les ouvertures, aucune ne céda !

Comment faire ? Que faire à une heure aussi tardive... ? Il était déjà une heure du matin quand Ismaël regarda sa montre. Le froid de la nuit commençait à se faire sentir.

Ismaël zippa sa parka et se frotta les mains l'une contre l'autre pour se réchauffer, une buée blanche sortit de sa bouche.

Il ne pouvait pas passer le reste de la nuit dehors !

CHAPITRE IV
Une expérience peu ordinaire

Ismaël était bien embêté, il se trouvait dans la même situation lorsqu'il était parti à la recherche de la chatte. Seulement, cette fois-ci il n'avait aucun plan. Comment faire pour entrer dans la maison ? C'était là toute la question. Il ne voulait pas effrayer la vieille dame. Il renonça à l'idée de lancer des cailloux contre les volets de sa chambre.

Afin d'en avoir le cœur net, Ismaël refit le tour complet de la maison. Pas une seule petite ouverture. La maison était bel et bien fermée. Avec sa lampe de poche, il balaya le sol. Il trouva un trombone. Il essaya maladroitement de forcer la serrure de la porte de la cuisine. Le trombone se cassa en deux et un morceau resta à l'intérieur. Il n'était décidément pas un bon voleur ! Désormais, plus aucune possibilité de rentrer par cette porte n'était envisageable. Ismaël était complètement découragé. Il avait froid, il avait sommeil, il était dehors.

C'était la pleine lune, la nuit paraissait plus éclairée que d'habitude, d'une lumière différente plus intense. Les arbres étaient d'une obscurité dense. D'un seul coup, le vent se mit à souffler dans les arbres. Il eut peur, le bruit du vent dans les branches lui semblait étrange. Il frissonna. Il s'arrêta de marcher pour essayer de situer d'où venaient les bruits. Mais lorsqu'il reprit son déplacement, un événement improbable se produisit. Il y eut un bruit étouffé derrière lui. Il se figea. Cela recommença plus fort cette fois. Des bruits se propageaient dans les branches des arbres. Terrorisé, il s'immobilisa.

Puis, il crut entendre un bruissement. Il se retourna, essaya de voir dans cette étrange nuit en dirigeant le faisceau de la lampe dans toutes les directions. Il crut,alors discerner des voix, une conversation à voix basse, des chuchotements : « Vas-y... tu peux le faire... ». Il tremblait. Les voix s'intensifiaient.

Par moment elles se rapprochaient, puis s'éloignaient. Ismaël ne parvenait pas à comprendre d'où les bruits arrivaient. Il étouffa un cri. Quelqu'un ou bien quelque chose l'avait frôlé. Il pensa à la chatte, il l'appela. Pas de réponse.

Il n'arrivait pas à savoir s'il y avait plusieurs personnes ou bien si... c'était un fantôme...

– Ce n'est pas possible, dit Ismaël à haute voix pour se donner du courage. Ce n'est pas possible, je ne peux pas entendre de voix.

– Hé ! Ho ! il y a quelqu'un ? demanda Ismaël. Aucune réponse. Il ne savait pas ce qu'il entendait. Il tremblait, oui il avait la frousse. Dans un premier temps la peur le tétanisa sur place. Au bout d'un long moment, il comprit qu'il ne pouvait pas rester là sans agir.

Aussi, il se boucha les oreilles avec les mains, puis ferma les yeux tout en reculant un pas après l'autre en direction du mur. Il attendait de sentir la présence massive des pierres pour se rassurer, pour reprendre courage et peut-être pour oser à nouveau ouvrir les yeux ; pour surtout regarder autour de lui.

Les branches des arbres étaient secouées violemment par les rafales. On aurait dit une tempête tropicale. Il continua à reculer, étonné d'avoir si mal évalué la distance qui le séparait du mur de la maison.

Et contre toute attente, il rencontra un obstacle au niveau de son pied gauche. Il s'arrêta net. Il descendit ses bras le long de son corps, il écouta. Plus aucun bruit, le vent avait cessé, tout était calme. Il ouvrit timidement un œil puis l'autre. Il était dans la cuisine ! Ismaël avait heurté avec le dos de sa chaussure le pied de la chaise. Il resta bouche bée. Son corps lui disait bien qu'il était dedans, mais son esprit refusait d'admettre l'évidence :

il venait de traverser le mur ! Il toucha ses bras et ses jambes. Ses vêtements étaient intacts, il passa ses mains sur son visage, ses cheveux.

Rien. Pas même une petite poussière. Tout était normal chez lui.

Décidément, cette maison était bizarre. Il s'avança à nouveau vers le mur et le toucha. La pierre était dure. Mais quand Ismaël appuya avec une pression plus importante, sa main traversa la paroi. Il avança un pied puis l'autre, une jambe, l'autre jambe, et tout son corps.

Il se retrouva à nouveau dehors. Ismaël croyait rêver. À plusieurs reprises, il fit un aller-retour.

Ce petit jeu l'amusait beaucoup. Il riait aux éclats.

C'était vraiment magique de pouvoir à loisir rentrer et sortir de la maison en traversant le mur. Une fois l'euphorie passée, il se demanda ce qu'il allait faire à présent. Certes il était dans la maison d'Héloïse, il n'avait qu'à monter l'escalier pour aller la rejoindre et lui dire ce qui venait de se passer. Elle allait être surprise quand il lui raconterait son aventure.

Il monta doucement les escaliers qu'il connaissait par cœur. En les sautant, il évita les marches du milieu, celles qui grinçaient. Arrivé devant la porte de la chambre de Mme Hacket, il hésita. Cela faisait maintenant plus de deux heures qu'il était parti. Il imaginait bien que la vieille dame devait dormir à poings fermés.

Mais il remarqua un fin rayon de lumière sous la porte. Peut-être que son amie s'était endormie avec la lumière allumée, peut-être lisait-elle encore. Il ne savait pas comment faire.

Il frappa doucement à la porte.

– Ismaël, c'est toi ?

– Oui, répondit le jeune garçon tout en ouvrant la porte.

– Ah ! tu es encore là, Ismaël, je croyais que tu étais déjà parti.

– Oui Héloïse, j'étais bien parti mais je suis revenu.

– Mais que fais-tu là Ismaël ? répondit Héloïse en regardant son réveil. Mon Dieu, il est 2 heures du matin ! Je n'ai pas vu le temps passer, tu devrais dormir depuis longtemps.

– Il vient de m'arriver quelque chose de très étrange, tu sais. Je n'ai pas pu rentrer chez moi, la fenêtre de ma chambre était fermée. Ma mère a dû la refermer. J'ai d'abord fait le tour de la maison pour voir si par hasard une issue était restée ouverte. Rien. Alors je n'avais plus qu'une solution, c'était de revenir chez toi.

– Tu as bien fait...

– Mais ce n'est pas tout ! ajouta Ismaël en coupant la parole à Mme Hacket. Je ne savais pas comment faire pour rentrer sans t'effrayer.

– Tu es rentré par la cuisine, non ?

– Oui, en effet, mais par une drôle de façon.

– Ah bon ! et comment ?

– La porte de la cuisine était déjà fermée quand je suis revenu. À ce moment-là, j'ai entendu des voix ... oui, des voix, elles venaient des arbres et j'avais très peur. Alors, je me suis mis contre le mur. Tout à coup, je me suis retrouvé dans la cuisine. J'ai traversé le mur, Héloïse... tu te rends compte ? Tu ne trouves pas cela étrange ?

– Ah oui ! C'était une des possibilités pour rentrer. Comme toujours tu as trouvé une solution... Bravo ! À présent que tu es là, viens près de moi, proposa Héloïse au jeune garçon.

Ismaël rejoignit son amie avec bonheur. Elle lui fit une place à côté d'elle dans son lit avec ses sept énormes coussins moelleux. Après toutes ces frayeurs, le jeune garçon était très content de retrouver la douce chaleur de l'épaisse couette. Il se retourna vers Héloïse et lui fit la remarque suivante :

– Je suis étonné de ta réaction, tu n'es même pas surprise par ce que je viens de te raconter ?

– Non, pourquoi le devrais-je ? répliqua Madame Hacket avec son petit air amusé.

– Parce que pour moi ce n'est pas habituel d'entrer dans une maison en traversant un mur.

– N'as-tu jamais pensé que tu pouvais être un magicien, Ismaël ? proposa Héloïse tout en enlevant les lunettes de son nez.

– Un magicien ?

– Oui, regarde, tu as trouvé une solution à ton problème, n'est-ce pas ?

– Non, je n'ai rien fait ! Je me suis mis contre le mur parce que j'avais peur des voix. Je n'ai pas imaginé une seconde que je pouvais traverser le mur ! répliqua Ismaël les yeux grand ouverts.

– Et pourtant tu l'as fait !

– Tu sais, ta maison est étrange, Héloïse. Il s'y passe de drôles de choses !

– Est-ce que tu te rappelles ce que m'a dit la fée, la première fois que je lui ai parlé ?

Souviens-toi, elle disait que nos deux mondes n'étaient pas si éloignés l'un de l'autre. Nous pouvons nous visiter facilement. Ismaël, il faut que je t'avoue quelque chose, ici tu es de l'autre côté : le monde magique où tout est possible. Traverser un mur, rien de plus facile, il suffit d'y croire. Il faut commencer par découvrir et expérimenter que l'on peut être le magicien de sa vie. Et ce n'est pas un mince travail !

– Alors, je suis un magicien ?

– Maintenant que nous nous connaissons bien, je peux te dire que le hasard n'est pour rien dans notre rencontre. Je t'attendais comme la reine des fées, An-Gorme, m'attendait, moi, il y a de cela quelques années... beaucoup d'années. Elle me l'avait bien dit : « Un jour une personne viendra à toi, à un moment précis de ta vie. Il te faudra la reconnaître. » J'attendais que la vie me présente un être capable de transmettre à son tour le message. Au départ, je ne savais pas qui je devais rencontrer ni quand. Figure-toi, au début, pour être sincère, j'attendais plutôt une petite fille. Puis, j'ai pensé que mon amie la fée m'avait envoyé ta maman. Mais j'avais un doute sur Alice. Les jours passaient sans m'apporter de réponse. Il fallait que je provoque un événement qui me permettrait de savoir. Tu comprends ?

– Oui, je crois que je commence à comprendre ce qui se passe...

– Alors, il faut que je t'avoue autre chose, Ismaël... C'est moi qui ai incité Manoucha à s'échapper de la maison. C'était une épreuve. Je devais savoir, tu comprends... Et c'est toi qui as réussi ! Tu as été capable de trouver par toi-même une solution à un problème. Quelle ne fut pas ma surprise de voir ta petite silhouette sur les marches du perron... !

– Alors, tu m'avais vu ce soir-là ? dit Ismaël en coupant la parole à son amie.

– Oui.

– Et... tu as tout vu ?

– Oui, tout.

– Moi avec les...

– Oui, répondit Héloïse en confirmant avec la tête, les fées je les ai vues aussi !

– Alors, rétorqua Ismaël impressionné, alors, tu sais...

– Oui, je sais qu'elles t'ont aidé, rétorqua la vieille dame.

Puis, elle marqua une pause et reprit.

– En fait, elles t'ont fait un signe. Elles t'ont simplement guidé mais c'est toi qui as trouvé ma chatte !

– Alors, depuis le début tu sais tout !

– Oui, mon petit chéri, et j'étais bien loin de me douter que tu étais le messager... le fameux messager dont m'avait parlé An-Gorme... mon remplaçant, quoi ! Pour que l'équilibre s'opère dans la transmission du message, il faut que dans ta génération cela soit un garçon. Ça, je viens de le comprendre...

– Tu as de la chance, parce que pour moi ce n'est pas très clair...

– C'est vrai tu as raison, j'en ai de la chance... Même à mon âge, je continue à apprendre ! Je te rassure, Manoucha voit très bien dans le noir. Mais, je vais te confier un autre secret : j'ai la capacité de voir la nuit. Je peux voir la nuit parce que tous les êtres vivants, humains, animaux, plantes ainsi que les objets émettent une énergie lumineuse et, cette énergie lumineuse, je la perçois même les yeux fermés. Je peux le faire Ismaël, parce que ce n'est pas avec mes yeux que je vois, mais avec mon corps. Je t'apprendrai Ismaël. Désormais, tu n'auras plus besoin de lampe de poche pour te déplacer dans la nuit. Tu n'auras plus peur de ce que tu entendras parce que tout ce qui sera autour de toi dans le noir, tu le verras. Je suis là pour t'enseigner tous les pouvoirs que j'ai moi-même reçus de la reine des fées. La deuxième épreuve tu viens de la vivre ce soir. Tout est basé sur la confiance Ismaël.

– Je me souviens, du passage du livre Le Petit Prince, tu sais, quand il dit, « On ne voit bien qu'avec le cœur, l'essentiel est invisible pour les yeux ». C'est ce que tu veux dire, n'est-ce pas ?

– En quelque sorte, nous pouvons écouter avec les yeux et voir avec le corps.

– Et tu commences quand à m'apprendre? s'enquit Ismaël, les yeux brillants d'espoir.

– Mais nous avons déjà commencé, tu as déjà passé avec brio les deux premières épreuves. Il faut que tu passes par un parcours initiatique pour obtenir ce que tu souhaites. Notre relation fondée sur la confiance, la complicité et la fidélité te permettra de réussir.

Ismaël buvait les paroles de son amie. Elle était en train de lui dire qu'il faisait partie d'un plan, qu'il était un messager. Et lui qui croyait être un petit garçon ordinaire, sans importance. Il aimait être avec son amie parce qu'avec elle, tout était possible. Magique. Avec elle, il se sentait différent des autres, mais cela lui était agréable. Alors que d'habitude, non. Il avait tout à coup la certitude d'être quelqu'un de bien. Et il avait vu des fées, elles étaient ses amies...

Sans s'en rendre compte, Ismaël venait de passer sa première nuit blanche.

Pendant qu'ils parlaient le jour commençait à se lever, la vieille dame s'en aperçut et dit :

– Regarde, la merveille de la nature, mon enfant, regarde comme c'est beau le soleil qui apparaît !

Ensemble ils se levèrent et regardèrent par la fenêtre entrouverte le soleil qui, à l'horizon, traçait une ligne orangée. Cette ligne s'arrondissait. Petit à petit elle prenait la forme d'un cercle. Et soudain, une boule de feu lointaine s'offrit à leurs yeux. Le jour était là.

– Comme c'est beau, dit Ismaël émerveillé. Je n'ai jamais rien vu d'aussi beau.

Puis il se tourna vers Héloïse et la fixa avec tendresse. Dire que cette dame âgée était sa meilleure amie !

Héloïse connaissait à son âge le même enthousiasme qu'au début de sa vie. Et comme Ismaël, elle regardait l'aurore avec émerveillement. Sauf que lui, il la voyait pour la première fois. Les moments qu'ils partageaient étaient aussi intenses à l'adulte et à l'enfant, pour l'un comme pour l'autre.

D'ailleurs, durant leurs échanges, quand Ismaël observait la vieille dame, il lui semblait que les traits de son visage changeaient. Il était certain qu'à son contact, elle rajeunissait, tout comme lui grandissait. Elle avait gardé son âme d'enfant, cela se voyait. Il pouvait avoir avec elle la même relation qu'avec un camarade de son âge.

Cette idée le fit sourire, car en plus d'être plus âgée que lui, c'était une fille, une dame quoi. À l'école, on se moquerait bien de lui, pensait-il, si l'on savait que son « meilleur ami » était une vieille dame de quatre-vingt-sept ans !

Si un observateur était passé par là, à cette heure matinale de la journée, il aurait pu apercevoir une dame âgée et un petit garçon, côte à côte, les avant-bras appuyés au rebord d'une fenêtre, tous deux regardant dans la même direction. Leurs yeux étincelaient.

Ismaël ne sentait plus la nécessité de rentrer chez lui. Le soleil était levé. Il était

6 heures du matin. Pourquoi rentrer ? Il était tellement bien avec Héloïse.

Alors qu'il n'avait pas dormi de la nuit, il ne ressentait aucune fatigue. Il se retourna vers son amie et lui dit :

– Je n'ai plus besoin maintenant d'aller me coucher, regarde, il fait jour. Il suffirait que je rentre doucement dans ma chambre, et comme je suis déjà habillé, je n'ai qu'à faire semblant de me lever. Qu'est-ce que tu en penses, Héloïse ?

– Dis-moi, tu n'es pas surpris que ta maman ne se rende pas compte de tes sorties nocturnes ?

– Non, pourquoi ? répondit Ismaël avec naïveté.

– Parce qu'une maman, comme toutes les mamans du monde, ne se couche pas le soir, sans passer par la chambre de son enfant. Et chaque soir, ta maman vient remettre ta couette en place, t'embrasser. Elle te voit, alors que tu es ici avec moi. Ainsi, elle ne peut pas savoir que tu es sorti. Tu as sans le savoir, la capacité de te dédoubler. C'est-à-dire, pendant que tu es dans cette maison, ton corps reste dans ta chambre.

– Waouh ! s'exclama Ismaël, entrevoyant les avantages de sa situation.

– C'est ton corps lumineux qui se détache de ton corps physique, continua d'expliquer calmement Héloïse. Nous avons deux corps, un corps physique visible à nos yeux et un corps lumineux. Ce deuxième corps, peu de personnes connaissent son existence. Ton corps lumineux te permet d'être à la fois présent dans ton lit et d'être en même temps ici avec moi. C'est ton double, si tu veux, le corps lumineux... Mais, attention Ismaël, écoute bien... Pour que tu puisses te réveiller le lendemain matin, il faut que chaque nuit, tu réintègres ton corps physique. C'est la raison pour laquelle, tu dois retourner chez toi et te recoucher dans ton lit. Tu sais désormais comment faire pour rentrer dans ta chambre sans réveiller ta maman, n'est-ce pas mon petit ? rétorqua Héloïse avec complicité.

Alice était allée voir si son fils ne s'était pas découvert pendant son sommeil. Elle avait replacé à l'intérieur de la couette la jambe d'Ismaël restée en dehors. Elle avait déposé un tendre baiser sur le front endormi de son enfant. Alice l'avait regardé avec amour en écoutant sa respiration calme signe d'un sommeil profond.

Cette révélation faite, Héloïse caressa tendrement la tignasse brune d'Ismaël. Comme chaque fois, déposa sur ses cheveux quelques pincées de poudre d'or. Elles lui permettraient de passer une bonne journée malgré sa nuit sans sommeil. La vieille dame d'un air amusé regardait le jeune garçon repartir avec cette poussière d'or qui flottait au-dessus de lui. Elle lui avait insufflé les franges d'or de la vie.

Une heure plus tard, dans la chambre du garçon carillonna son réveil. Ismaël se réveilla en pleine forme, comme s'il avait dormi pendant cent ans. Il mit un moment à se faire à l'idée que tout ce qu'il avait vécu la nuit précédente n'était pas un rêve...

Le cœur léger, la tête dans les étoiles, il arriva devant l'école, prêt à affronter une nouvelle journée de classe. C'était l'automne, la cour de récréation était jonchée de feuilles mortes. Les garçons s'amusaient à bousculer les feuilles avec leurs pieds en improvisant une partie de foot sans balle. Ismaël participa au jeu avec énergie, lui habituellement si réservé.

Lorsque la cloche retentit, les élèves rejoignirent leur

rang. Ismaël arriva tout essoufflé, avec les joues rouges et un grand sourire. Il était heureux de vivre, ce jour-là.

Et tout ce que raconta M. Ternynck lui sembla très facile à comprendre. M. Ternynck occupait deux fonctions dans l'école, celle de directeur, mais aussi celle de professeur de français dans la classe d'Ismaël. Le jeune garçon était particulièrement pertinent dans ses réponses. Il finissait plus vite que ses camarades. Il composa même une petite rédaction que son professeur lut à voix haute devant toute la classe.

M. Ternynck fut agréablement surpris par la vitalité d'Ismaël et le félicita.

Il fit la remarque suivante :

– Ah ! je vois bien qui, parmi vous, se couche tôt le soir. Regardez, Ismaël travaille bien parce que j'imagine que le soir à 8 heures, lui, il est couché, n'est-ce pas, jeune homme ?

– Oui monsieur, dit Ismaël, en essayant de contenir son envie de rire. Je m'endors tous les soirs très tôt, en lisant, *Le Petit Prince* de Saint-Exupéry, que j'aime beaucoup.

– Voyez, jeunes gens, Ismaël est un exemple à suivre ! Ce n'est pas comme toi, Arthur. Je te vois tous les jours bâiller et l'air endormi. D'ailleurs, il faut que je parle à tes parents à ce sujet !

Ismaël baissa la tête en rougissant. Pour une fois que c'était lui la vedette, il ne s'était pas privé d'en rajouter. Son camarade Arthur lui lança un regard noir. Pour la première fois, Ismaël osa soutenir son regard. À présent, il n'était plus intimidé par ce grand garçon qui faisait chavirer le cœur de toutes les filles du village.

Ce matin-là, Alice avait remarqué l'enthousiasme et la bonne humeur de son fils. Il avait dévoré son petit déjeuner comme s'il avait fait un marathon toute la nuit, pensa-t-elle, amusée par la gloutonnerie inhabituelle de son fils ! La joie de son enfant l'avait envahie et elle arriva chez Héloïse la mine réjouie.

Comme tous les jours, elle récupéra les petits bouts de papier écrits à l'encre violette et elle partit au village faire les courses de la vieille dame. Le ciel était très bleu, ce matin-là. On ne voyait pas le moindre nuage à l'horizon. Et le soleil brillait. Cela mit Alice de bonne humeur.

En chemin, elle pensa à son fils. Elle le trouvait très en forme depuis quelques jours. Il faisait ses devoirs avec enthousiasme chez la vieille dame. Puis, pour distraire Héloïse, il lui lisait une nouvelle histoire chaque soir. Cette bonne entente entre son enfant et Mme Hacket avait été un grand soulagement pour Alice.

Tout semblait parfait. Elle les entendait souvent rire tous les deux, mais elle ne posait jamais de question sur leurs conversations. Elle appréciait la présence bénéfique de la vieille dame aux côtés de son fils. Cela lui faisait une grand-mère. Elle trouvait cela très bien.

Elle fit son tour des commerçants et, en dernier, elle passa chez le fleuriste. Il l'attendait. Il avait déjà préparé la rose blanche pour Héloïse. Dagan – c'était le prénom du fleuriste – sourit en voyant Alice entrer dans la boutique.

Ce matin-là était un jour un peu particulier : il avait un cadeau pour elle. Alice avait laissé son panier à roulettes à l'extérieur avant de pénétrer dans ce petit endroit rempli de fleurs et de parfums. Le fleuriste lui remit en premier la rose blanche emballée dans un joli papier de soie, puis il lui tendit une rose d'une couleur particulière.

– C'est pour vous Alice, dit Dagan, vous permettez que je vous appelle Alice ?

– Heu, oui... bien sûr, répondit Alice un peu trop rapidement à son goût. Merci beaucoup, elle est magnifique. Je suis très touchée.

– C'est une rose avec un nom singulier. Elle s'appelle : Soleïado. Vous voyez, ces différentes nuances d'orangé, fit remarquer le fleuriste en se rapprochant d'Alice.

Le large cœur de la rose était jaune et plus sombre en son centre. Il prenait même une teinte orange foncé. Les pétales les plus éloignés du centre étaient bordés d'un trait rouge vermillon. La rose semblait avoir une collerette.

– Ce sont les couleurs de la Provence, lui dit le fleuriste. C'est la raison pour laquelle son créateur l'a nommé Soleïado. C'est une rose que j'aime particulièrement, je l'ai choisie pour vous.

– C'est très gentil de votre part, je suis confuse... il ne fallait pas, dit Alice toute rouge en baissant les yeux.

– Vous aussi, vous êtes une personne particulière à mes yeux, répondit Dagan en souriant tendrement. Vous pouvez m'appeler, Dagan, si vous voulez.

– Je ne sais pas, chuchota Alice, je dois y réfléchir. Ce que je sais, en revanche, c'est que votre prénom n'est pas courant, il est même original.

Le jeune fleuriste fut touché par la remarque d'Alice. Au moins, pensa-t-il, mon prénom ne lui déplaît pas, c'est un début...»

Tout en parlant, Dagan avait emballé la rose avec délicatesse dans un papier de soie de la même couleur que la fleur. Alice la prit maladroitement entre ses doigts et la déposa sur son panier avec celle d'Héloïse. Elle lui dit au revoir, sans oser l'appeler par son prénom. Dagan resta un long moment sur le pas de sa boutique, laissant son regard posé sur la silhouette d'Alice qui s'éloignait tranquillement.

En plus d'être magnifique, la rose avait un parfum délicat. Il chatouilla les narines d'Alice durant tout le chemin du retour.

Comme d'habitude, Héloïse attendait Alice dans le salon. Lorsque celle-ci arriverait, elle récupérerait la rose blanche, s'enfermerait dans la cuisine pour changer la fleur. Très perspicace, Héloïse remarqua tout de suite l'autre rose emballée dans un papier de soie orangé.

– Tiens, vous avez rapporté une nouvelle rose du marché ?

– Oh ! ce n'est pas moi qui l'ai achetée, s'empressa de répondre Alice, c'est le fleuriste qui me l'a offerte ! Mais comment savez-vous que c'est une rose ?

– Ah ! ce Dagan, il n'a pas résisté à votre charme Alice ! reprit Héloïse sans répondre à la question.

– Oh, non... c'est juste parce qu'il est très gentil, rétorqua Alice.

– Montrez-moi cette jolie fleur, dit Héloïse avec impatience. Elle avait sur le visage un sourire malin. Ce sourire, la réponse naïve d'Alice l'avait suscité.

Alice enleva la rose de son emballage et la présenta à Mme Hacket.

– Une Soleïado !, il ne s'est pas moqué de vous, commenta la vieille dame en faisant un clin d'œil à la jeune femme. Elle est vraiment superbe.

Alice rougit comme au moment où l'homme lui avait donné la rose. Elle se souvint qu'il avait accompagné son geste en posant sa main affectueusement sur son épaule.

– Venez, reprit Héloïse, nous allons prendre soin de cette belle fleur. Je vais vous chercher un vase afin de ne pas la laisser sans eau toute la matinée.

Et sans attendre la réponse d'Alice, Héloïse se dirigea vers la cuisine, chercha un vase dans son placard. C'était le même que pour sa rose à elle. Elle le remplit d'eau. Puis, elle ouvrit une petite boîte bleue, en forme de cœur, posée à côté de l'évier et prit quelques pincées de sable très fin blanc avec des reflets nacrés. Elle en ajouta au fond du vase, comme elle le faisait pour sa propre fleur.

Puis elle revint dans le salon et déposa la rose d'Alice sur la commode tout près de la sienne.

– Elle sera très bien, là. Toute la matinée le soleil s'infiltre à travers le volet. Il va donner la juste dose de lumière à votre rose afin qu'elle s'ouvre doucement.

– Merci madame Hacket. C'est très gentil de votre part de prendre soin de ma fleur.

– Vous pouvez m'appeler Héloïse, si vous voulez.

– Je ne sais pas, répondit Alice pour la deuxième fois de la journée. J'ai tellement l'habitude de vous appeler madame Hacket... j'aurai du mal à changer, enfin, je crois...

– Comme vous voudrez ma petite Alice, c'est vous qui choisissez, proposa Héloïse affectueusement.

Alice ne répondit rien. Elle était troublée. Les personnes qu'elle côtoyait tous les jours, deux en particulier, lui proposaient de les appeler par leur prénom, comme s'ils étaient en famille. C'était une marque de sympathie, Alice le comprenait bien. Mais cette marque d'affection était un pas vers une intimité à laquelle elle n'était pas encore prête.

La matinée passa très vite. Alice était un peu perdue dans ses pensées. Le charme du fleuriste ne lui était pas indifférent. Elle chassa très vite cette idée de son esprit. Elle ne voulait rien changer à sa vie. Imaginer la moindre modification à ses habitudes la rendait mal à l'aise. Puis, elle se surprit à se dire tout haut « tout au moins pour le moment... ».

Elle avait mis si longtemps à retrouver un équilibre après la mort de son mari, que, désormais, toute nouvelle situation lui paraissait un nouveau tourment. Elle était encore fragile.

Vers midi, Alice termina son travail. Elle rapporta sa

fleur chez elle. Elle fit le chemin en tenant contre sa poitrine le vase et tout ce qu'il contenait. Héloïse avait insisté pour qu'Alice laissa sa rose dans ce vase. Alice lui promit de le lui rendre dès le lendemain, parce qu'elle en possédait un qui lui avait été offert pour son mariage. Il lui fallait le retrouver, elle se rappelait l'avoir rangé dans des cartons, avec d'autres souvenirs. Mais Mme Hacket tenait à lui donner ce vase. La vieille dame sentait qu'il serait douloureux à Alice de rouvrir certaines boîtes.

Mais elle ne lui parla pas de cela, elle lui dit simplement qu'avec le sable au fond du récipient, sa fleur resterait intacte pendant au moins quinze jours et qu'il valait mieux ne pas y toucher. La jeune femme remercia chaleureusement la vieille dame.

Ainsi, Alice revint chez elle en tenant précautionneusement sa fleur resplendissant au soleil. Ses teintes orangées étincelaient comme un bijou.

Le soir, lorsqu'elle rentra de son travail accompagnée d'Ismaël, elle s'arrêta un instant devant la rose qui semblait sourire. Elle n'entendait pas son fils qui lui racontait ses exploits de la journée. Il avait obtenu la meilleure note en récitation.

Ismaël nota que sa mère ne l'écoutait pas comme

d'habitude. Il l'observa et dirigea son regard dans la même direction qu'elle. C'est alors que le jeune garçon remarqua la rose dans son vase au milieu de la table de la salle à manger.

Sa mère lui annonça joyeusement que c'était un cadeau qu'elle avait reçu du fleuriste.

À ces mots, Ismaël se figea devant la fleur. Un drôle de sentiment s'empara de son cœur, un étau serrait soudainement sa poitrine. Il voulut parler, mais aucun son ne sortit de sa bouche. Il prit son cartable, monta dans sa chambre dont il ferma la porte... un peu brutalement.

Alice fut surprise. Elle ne s'attendait pas à cette réaction de la part de son fils, lui toujours si enthousiaste avec elle pour tout ce qui concernait sa journée de travail. Elle ne dit rien, ne lui fit pas de réprimande. Elle espérait qu'il lui présente des excuses, du moins qu'il revienne sur le sujet.

CHAPITRE V
Un parcours initiatique

Toute la soirée, Ismaël fut gêné par la présence de la rose dans la maison. Il mourait d’envie de faire une remarque à sa mère, mais il écouta sa raison et ne dit rien. Il resta enfermé dans sa chambre jusqu’à l’heure du dîner. Quand sa mère l’appela, il descendit et ne fit aucun commentaire.

Le repas fut plus silencieux que de coutume. Il répondit aux questions d’Alice sur sa journée d’école, sans plus. Il n’avait qu’une hâte, c’était de terminer son repas au plus vite. Il prétexta une grosse fatigue pour retourner dans sa chambre et se coucher. Ainsi, il pourrait retrouver son amie Héloïse au plus vite et discuter avec elle de cette histoire de rose.

Il se déshabilla, se coucha et ferma les yeux. Quelques secondes plus tard, il se détacha de son corps physique et, avec une facilité qui le déconcertait toujours, il traversa le mur de sa maison, sortit dans le jardin. Comme par miracle, sans lampe de poche, il voyait tout ce qui se trouvait autour de lui. C'était une vraie féérie, les arbres, les pierres, les animaux, tous émettaient une lueur phosphorescente d'une intensité variable.

Après plusieurs exercices avec son amie, Ismaël était arrivé à percevoir tous les corps lumineux et leurs différences. À présent, il pouvait à loisir se balader la nuit sans aucune crainte.

Il atteignit rapidement la maison d'Héloïse. Il la contourna comme à son habitude pour ne pas être vu, puis il arriva devant la porte de la cuisine. C'était toujours une grande excitation pour lui de passer un bras et l'autre, une jambe et l'autre à travers le mur sans rencontrer aucune résistance.

De ses nouveaux pouvoirs, celui-ci était son préféré. Ce soir-là, trop préoccupé par ses pensées au sujet de sa mère, il ne s'amusa pas à son jeu favori de rentrer et sortir de la maison en traversant le mur plusieurs fois, comme il le faisait habituellement. Il entra directement.

Sur le moment il ne comprit pas, quand il entra dans la demeure : la maison était VIDE !

Il n'y avait plus rien, seulement le toit et les quatre murs ! Tous les meubles avaient disparu et, plus surprenant, le grand escalier en bois aussi. Il n'y avait plus d'étage. La hauteur du toit était impressionnante. Les cloisons n'existaient plus. La maison n'était plus qu'une vaste pièce.

Ismaël se frotta les yeux à plusieurs reprises, il n'en croyait pas ses yeux !

Pour s'assurer qu'il ne rêvait pas, Ismaël ressortit de la maison. À l'extérieur, la maison n'avait pas changé. Il voyait bien la façade, les murs, les fenêtres, le conduit de la cheminée. Il retourna dedans, il n'y avait toujours rien, ni meubles, ni pièces, ni murs.

– Encore un nouveau tour d'Héloïse ! se dit-il.

Alors, sans se laisser dépasser par la situation, il appela son amie.

- Héloïse, Héloïse, où es-tu ? je suis là, Allez montre-toi, ce n'est pas drôle, tu sais, je suis tout seul et j'ai besoin de te parler. Sa voix résonna dans le vide de la pièce.

Aucune réponse. Le silence régnait dans cette maison qui impressionnait de plus en plus le jeune garçon. Il ne comprenait pas. Tout d'un coup, tous ses repères avaient disparu. Il imaginait bien que son amie allait lui faire passer de nouvelles épreuves, mais il ne s'attendait pas à quelque chose d'aussi angoissant !

Ismaël n'était pas content. Il se retrouvait totalement seul alors que ce soir-là il avait plus besoin que tous les autres soirs de la présence réconfortante de sa complice. Au fond de lui, il était en colère, il en voulait à sa mère et à la vieille dame.

– Ce n'est pas possible, pensa à haute voix Ismaël.

Il entendit à nouveau sa voix résonner dans le silence pesant de la maison.

– Ce n'est pas possible, répéta l'enfant. Ce n'est pas possible, il y a à peine deux heures Héloïse était là. Elle n'a pas pu déménager en si peu de temps !

Il laissa son esprit vagabonder un bon moment. Il se posa mille questions. Il mit du temps à se calmer, mais il y parvint. Enfin, il comprit qu'il était dans un autre monde, le monde des possibles, où l'on ne raisonne pas de la même façon que dans le monde réel.

Pour se rassurer, Ismaël se parla à lui-même :

– Si je me dis une fois de plus c'est impossible, c'est que je n'ai pas assez réfléchi ! Je reste obstinément dans l'autre monde, alors que je suis de l'autre côté où tout est possible. Je réfléchis avec ma tête et non avec mon cœur. Je dois me servir de mon intuition. Je dois me défaire de la manière de réfléchir de l'autre monde. Ici, ça ne fonctionne pas cette manière de réfléchir.

Il se concentra un long moment, mais rien ne se passa. Il réalisa tout d'un coup que ces deux nouveaux pouvoirs, dans cette situation, ne lui servaient à rien. Il avait beau savoir passer à travers les murs, cela ne faisait pas avancer les choses. Il pouvait voir le corps lumineux de tout ce qui l'entourait, mais comme il n'y avait rien dans la pièce, cela non plus n'avait pas d'utilité. Ismaël était profondément déçu.

Il avait de magnifiques pouvoirs, mais ils ne lui étaient d'aucun secours.

C'était frustrant et le jeune garçon commençait à ne plus trouver d'intérêt à être un magicien, du moins quelqu'un de différent. S'il avait une mission à accomplir, il ne savait pas laquelle, et il ne savait pas plus pourquoi il devait vivre cette nouvelle épreuve. Ce qui était nouveau, c'était de ne plus avoir aucun repère.

Dans la première épreuve, il avait un plan. Dans la deuxième, la situation s'était présentée à lui. Dans celle-ci, il ne savait pas ce qu'il devait faire et surtout ce qu'il devait comprendre. Il était livré à lui-même et pour une fois il ne trouvait pas cela drôle. Non, pas drôle du tout.

Comment faire ? par quoi commencer ? comment réfléchir ? se demanda Ismaël.

Il prit la décision de longer chaque mur de la maison. Il trouverait peut-être un indice. Mais il revint à son point de départ, bredouille. À ce stade-là, il en avait assez. Il songea même à rentrer chez lui et à s'endormir au plus vite. Décidément, ce n'était pas une bonne soirée pour lui, rien ne se passait comme il l'avait espéré.

Dormir pour y voir plus clair demain matin, c'était peut-être la meilleure solution, imagina ismaël. Il ressortit de la maison. Une fois dehors, il était toujours aussi frustré par la situation. Il traversa à nouveau le mur. Même la sensation de passer à travers les murs, ne l'amusait pas du tout ce soir. Décidément, ce n'était vraiment pas marrant ce soir, rien ne l'amusait. Que faire ?

Il pensa qu'Héloïse allait être déçue de son comportement, alors il retourna dans la maison.

Mais, après un temps de réflexion, il comprit que s'il abandonnait maintenant, il renonçait un peu trop facilement. Il regretta même d'avoir eu cette pensée. Il la chassa de son esprit et décida de se concentrer et d'essayer de comprendre.

Quel est le message ? qu'elle est l'intention ? qu'est-ce que je dois comprendre ? qu'est-ce qu'il faut que j'apprenne ? se répéta-t-il en boucle.

Il y avait peu d'outils à sa disposition. Traverser les murs ne lui servait à rien, cela il l'avait parfaitement compris. Donc il ne lui restait plus qu'à compter sur sa capacité à voir le corps lumineux de chaque chose. Ce qui voulait dire voir non pas avec ses yeux, mais avec son corps, comme le lui avait si bien expliqué son amie.

Il savait sans le dire qu'une partie de la solution se trouvait au fond de lui, mais comment la trouver ? Il avança dans la pièce avec confiance.

Pour faciliter sa concentration, il ferma les yeux, mais le cœur ouvert à tous les possibles. Ismaël laissa la magie opérer. Petit à petit, son esprit se détendit et son corps devint plus souple. Et ce qu'une seconde auparavant, il n'avait pas vu, lui apparut. À l'emplacement exact où la veille encore il y avait la bibliothèque, un livre flottait dans l'air. En fait, on aurait dit qu'il était posé sur une étagère immatérielle.

Il ouvrit les yeux, le livre était toujours là. Ismaël s'approcha. Il était bien réel. Il le prit dans ses mains. Mais quand il l'ouvrit, il ne vit que des pages blanches. Sur la couverture, comme tous les livres appartenant à son amie, pas de titre ni d'auteur. Ismaël poussa un soupir de désespoir. Incontestablement, rien ne lui était facilité. Il feuilleta rapidement le livre. Il ne trouva aucun indice, pas un seul petit signe, pas un seul petit mot, cachés entre les pages. Cela lui aurait permis d'avancer.

Il en était toujours au même point. Alors, il se souvint d'une phrase que lui répétait souvent Héloïse : « Ne pas se fier aux apparences, laisse ton cœur et ton intuition te guider. » Dans ce cas précis, comment utiliser cette consigne ? Il canalisa son énergie, lâcha prise et posa sa main droite sur son cœur. Puis d'une voix ferme, il prononça ces mots:

– Je veux voir ce qu'il y a dans le livre !

Et, comme par enchantement, quand il le rouvrit, il vit les lettres se mettre en place et former des mots sur la première page. Ismaël sourit et poussa cette fois-ci un soupir de soulagement. Il s'assit par terre et posa le livre sur ses genoux, le cœur rempli de joie. Il envisageait enfin que la première étape de son épreuve était achevée. Il crut comprendre que le message caché était de trouver une solution grâce à la lecture de cet ouvrage.

Combien de fois son amie Héloïse lui avait parlé de l'importance de la lecture, une source d'informations précieuses à la vie ? Il entama le décryptage et commença à lire les premières pages. La matière des pages était extraordinairement fine et agréable au toucher. Il reconnut une des écritures utilisées par Héloïse pour rédiger ses notes du matin, mais il n'en connaissait pas le nom.

Au tout début, il y avait un titre écrit en gros caractères : « **À APPRENDRE PAR CŒUR** ». Il remarqua que le mot « **PAR** » avait été barré à l'encre rouge et remplacé, juste en dessous, par « **AVEC LE** ». Ainsi il put lire le premier message rectifié : « **À APPRENDRE AVEC LE COEUR** ».
Il tourna la page. C'était le premier chapitre, il lut la première page, elle contenait une poésie.

« Comment se rend-on au pays des fées ?
Ma foi, c'est fort simple, écoutez.
Attendez que la lune jaune apparaisse
Au-dessus de la mer empourprée
Et qu'elle trace sur les eaux
Un sillage de lumière
Plus brillant que le diamant.
Et si nulle force occulte n'est là
Pour vous éconduire
Et si vous connaissez la formule magique
Capable de jeter un sort,
Enfourchez la tige d'un chardon
Et si le vent est bon
Laissez-vous transporter
Au royaume des fées
Sur ce rayon de lumière. »

-Ernest Thompson Seton, La Route du pays de féérie-

C'est une très belle poésie, reconnut Ismaël. Mais, il ne voyait toujours pas à quoi cela l'avançait d'apprendre par cœur, ou plutôt avec le cœur, ce vieux texte capable de l'emmener au royaume des fées. Il poursuivit.

Le deuxième chapitre avait l'air plus intéressant. D'abord, il fut étonné de découvrir une image. Elle représentait une figurine en bois, peinte dans des couleurs très vives. Sous la photo il lut la légende suivante : « **Poupées Russes ou Matriochkas** ». La page d'à côté donnait des explications :

« Ce sont des séries de poupées de tailles décroissantes placées les unes dans les autres, appelées parfois poupées gigognes. Une poupée russe est une figurine creuse, en bois. Elle s'ouvre en deux, horizontalement, révélant ainsi à l'intérieur une figurine similaire, mais de taille plus petite. Cette seconde figurine renferme elle-même une autre figurine, et ainsi de suite. Une série comporte en général cinq poupées, mais il en existe aussi avec dix poupées. Elles ont une forme cylindrique, arrondie vers le haut pour la tête et fuselée vers le bas. Elles ne possèdent pas de mains, sauf celles qui sont peintes. La poupée la plus grande est traditionnellement une femme vêtue d'un sarafan – robe traditionnelle russe– tenant un nid. Les autres poupées peuvent être des deux sexes, la plus petite est un bébé qui ne s'ouvre pas. La poupée russe ou matriochka est une allégorie du bonheur, de la prospérité et de la fertilité dans la famille.

La matriochka symbolise la mère avec ses enfants et les générations successives. »

Sur la page suivante, une photo montrait la matriochka déployée, chaque figurine de la plus grande à la plus petite alignée côte à côte.

« La nouvelle personne que je suis,
plus complète que la précédente
Mais, toujours fidèle à moi-même. »

Cette dernière phrase intrigua particulièrement Ismaël, mais il n'en saisissait pas le sens. Puis le jeune garçon s'attarda sur la qualité des dessins. Il apprécia les peintures très élaborées de chaque poupée. Le travail était magnifique et il pouvait aisément imaginer qu'il était fait à la main. Il n'appréhendait toujours pas la signification de ce qu'il consultait. Il était même étonné que ce livre s'adresse à lui. Le manuscrit semblait avoir été écrit pour les filles.

Il pensa même qu'Héloïse s'était trompée.

Il n'arrivait toujours pas à comprendre le sens caché du message. Ismaël avait remarqué que dès qu'il tournait la page pour lire la suivante, les images et le texte s'effaçaient subitement. Il continua sa lecture et il découvrit au recto, un petit texte écrit au milieu de la page.

Cela pouvait correspondre à une chansonnette, car des notes de musique entouraient le texte :

« Je suis trop petit pour me prendre au sérieux
Trop sérieux pour faire le jeu des grands
Assez grand pour affronter la vie
Trop petit pour être malheureux »

-Jacques Higelin-

Décidément tout ceci était bien mystérieux. Cette petite chanson éveilla en lui de drôles de sentiments. Il n'arrivait pas à savoir lesquels. Il était touché par la composition et la suite des mots. Il comprit que ce livre n'était pas là par hasard.

Au fond de son cœur, il savait qu'Héloïse ne s'était pas trompée en laissant à sa disposition cet ouvrage.

Mais il était bien désemparé, car son amie étant absente, elle ne pouvait pas l'aider à comprendre la signification de tous ces mots. Il avait l'impression d'apprendre tout seul une langue étrangère sans dictionnaire et sans professeur.

C'était de plus en plus énigmatique, Ismaël était tout à fait perdu.

Il aurait vraiment aimé qu'Héloïse soit là. Il ne savait plus depuis combien de temps il était assis à lire, par terre. Il regarda sa montre et fut très étonné de constater que l'aiguille n'avait pas bougé. Il en était sûr, il avait commencé à lire à 10 h 10 et il était toujours 10 h 10. Cela ne pouvait pas venir de sa pile, car il venait juste de la changer.

Se pouvait-il que le temps se fût arrêté ?...

Pendant ce temps, Héloïse était ailleurs. Dans la journée, elle avait reçu un message de son amie la reine des fées qui lui demandait de venir la rejoindre dans le royaume de féérie. Sans aucune explication. Elle lui avait simplement dit qu'elle avait un message d'une extrême urgence à lui communiquer. Aussi, Héloïse avait décidé de partir rejoindre An-Gorme.

Pour retrouver la reine des fées, Héloïse avait le pouvoir de changer d'apparence physique. Aussi, elle quitta son corps de dame âgée pour retrouver celui de ses 8 ans. Cette sensation était très agréable à Héloïse ; revenir dans un corps jeune et ferme sans douleur et en pleine forme fut pour elle un moment magique. Elle retrouvait son corps d'enfant tout en gardant son âme d'adulte. La seule indication que lui avait donnée An-Gorme était le lieu du rendez-vous et l'heure :

« À minuit ce soir, je te retrouverai. »

Et c'est ainsi qu'Héloïse, en une respiration, se retrouva à l'âge de 8 ans. La voilà soudain, peu avant minuit, assise dans le sable, dans un endroit qu'elle connaît bien. C'est celui de son lieu de vacances quand elle était enfant, un petit village au bord de la mer. Elle venait chaque été passer un mois dans ce lieu paradisiaque.

Héloïse parle :

J'attends An-Gorme, je sais qu'elle ne va pas tarder. Je suis bien, j'ai les jambes allongées, je sens le sable sous mes cuisses. Je regarde ce jardin familier, celui de mon enfance. J'aime bien cette petite maison que mes parents louent avec mes grands-parents. Elle a cette particularité d'avoir ce jardin un peu en hauteur et au lieu de l'herbe, les propriétaires ont mis le même sable que celui de la plage.

J'ai choisi cet endroit parce que je l'aime. Je suis dans un décor familier et je ne suis pas surprise quand je vois apparaître des fées minuscules. Elles dansent en rond, puis le cercle s'élargit. Les fées qui dansent portent des jupes longues, je vois leur corps à travers l'étoffe. La ronde est baignée d'une lumière jaune dorée, bordée de différentes nuances, dont un violet prédominant. Elles flottent très lentement, le corps et les membres immobiles, puis elles touchent le sol à nouveau.

Une musique de clochette les accompagne. Cela ressemble davantage à une cérémonie qu'à un jeu. Puis très rapidement, une danse insensée de milliers de fées ailées démarre, chacune prenant place pour former un message sur un parterre d'herbes illuminé par les lucioles. Je vois comme une fontaine aux fées, ce jaillissement multicolore est d'une grande force. Les figures de danse sont en réalité des lettres qui forment des mots. C'est magnifique, je m'approche doucement de peur d'effrayer toute cette tribu de fées et je contemple cette magnifique fresque. Je prête attention au message écrit :

SEUL LE VOYAGE EST INSCRIT, PAS LA DESTINATION

J'ai à peine le temps de le lire que toutes les fées se dispersent et disparaissent.

Puis, au milieu de tout ce remue-ménage féérique arrive une fée que je ne connais pas. Je suis un peu surprise de ne pas voir An-Gorme, mais je ne pose pas de questions.

Sans parler, elle me propose de la suivre et nous arrivons quelques secondes après sur la plage. La fée disparaît et je me retrouve en face d'une vieille dame que je vois tous les jours, car sa maison se situe sur la plage. Je ne connais pas son nom. Je sais que tout le monde dans le village parle d'elle en l'appelant Nostalgie : c'est le nom de son bateau.

C'est une petite barque très vieille qui ressemble à une coquille de noix avec laquelle elle part en promenade chaque jour dès l'apparition du soleil. Elle vit avec un vieux monsieur, aussi vieux qu'elle. Ils sont si vieux tous les deux qu'il serait difficile de leur donner un âge. Tout chez eux est vieux, la maison est presque en ruine, dehors traînent de vieux journaux empilés un peu dans tous les coins, ils portent des habits quelque peu déchirés ou bien rafistolés grossièrement.

Certains disent qu'ils sont un peu dérangés et surtout que ce sont de vieux originaux.

Personne ne sait de quoi ils vivent, on ne les voit jamais dans le village. Le vieux monsieur ne prend jamais la mer. Pendant que sa femme est sur l'eau, il regarde fixement l'horizon avec des jumelles, guettant son retour, un chapeau de paille sur la tête. Il ne le quitte jamais, son chapeau.

Nostalgie est là elle m'attend. Elle vient à ma rencontre et me sourit. C'est la première fois que je la vois de si près. Elle paraît encore plus vieille. Sa peau est toute ridée, son maillot n'a plus de couleurs tellement il est décoloré par le soleil. J'ai confiance, je vois dans ses yeux de la douceur et de la gentillesse. Elle a préparé son bateau, je le vois, l'avant est posé sur le sable, les deux rames ont été attachées.

Mais contre toute attente, la vieille barque en bois change d'aspect. Je découvre avec étonnement la nef magique toutes voiles dehors, telle que je l'ai rêvée la nuit d'avant. La coque en bois brille dans l'eau, la voile en soie est déployée, entourée d'une aura surnaturelle dans la clarté de la lune.

Nostalgie m'invite à monter à bord, en tenant le bateau tout près de l'eau afin que je puisse facilement enjamber le rebord. Elle embarque à son tour et me regarde droit dans les yeux avec une infinie tendresse.

– Héloïse, je sais que tout le monde dans le village m'appelle par habitude, Nostalgie, comme le nom de ma vieille barque. Mais je voudrais que tu saches qu'en réalité je m'appelle Harmony.

Je n'ai pas le temps de répondre, car tout à coup, surgie de nulle part, sa chatte grise monte à bord aussi avec nous.

– C'est ma chatte, elle a l'habitude de venir avec moi se promener chaque matin. Elle n'a pas peur de l'eau, tu sais, et même parfois elle se baigne en haute mer.

– Oui, Je vous ai déjà vue avec elle. Un matin, je l'ai même vue sauter de votre bateau et secouer ses poils mouillés sur la plage avant de regagner votre maison.

Le bateau prend doucement le large. La mer est calme, pas une seule vague. On dirait un lac. Il n'y a pas de vent et pourtant la voile de la nef magique est gonflée.

Nous avançons à un rythme régulier. Le bateau semble naviguer tout seul. Je suis assise au milieu, la chatte est venue se mettre à l'avant du bateau.

Je ne sais pas depuis combien de temps nous naviguons, mais je vois le soleil qui commence doucement à grandir sur l'horizon. Je me retourne, car soudain je reconnais le bruit du moteur du bateau de mon père et de mon grand-père. Je comprends qu'il est 5 heures du matin, car c'est à cette heure matinale que tous les jours ils vont pêcher en haute mer. Cette pêche va constituer notre repas de la journée ; une grillade le midi et le soir une bonne soupe de poisson dont ma grand-mère, seule a le secret.

Comme si Harmony lisait dans mes pensées, elle me dit d'une voix rassurante :

– Ne t'inquiète pas, Héloïse, ils ne peuvent pas te voir, nous sommes invisibles à leurs yeux.

Je regarde alors s'éloigner le pointu, j'ai une drôle de sensation de me trouver si près d'eux, alors qu'ils ne peuvent pas me voir.

La navigation continue pendant un bon moment en silence. Je regarde devant moi, je ne sais pas où Harmony me mène. Je me tourne vers elle pour lui poser la question. À ma grande surprise, elle a rajeuni. Tout d'un coup, les rides de son visage ont disparu, son maillot de bain est d'un jaune lumineux, qui doit être sa couleur d'origine. Son chapeau de paille n'est plus abîmé sur les bords, il a repris une belle forme. Elle est magnifique, ses cheveux blancs attachés par un chignon sont redevenus blonds. Elle sourit avec affection devant mon étonnement.

Je sens une autre présence à mes côtés. Sur le moment je pense à la chatte, à sa place se tient une belle jeune fille qui ressemble comme deux gouttes d'eau à Harmony.

– Je te présente ma fille, me dit Harmony. Elle s'appelle Mélior. Ma fille est morte alors qu'elle était très jeune. Elle s'est réincarnée en chatte. Des neuf vies que possède un chat, celle-ci est sa troisième. La seule possibilité pour elle de revenir sous une forme humaine, c'est de m'accompagner tous les jours sur l'eau. C'est la raison pour laquelle elle est avec moi pour ma promenade quotidienne. Nous nous retrouvons toutes les deux pour parler et partager ensemble ce moment de la journée.

– Pourquoi votre mari ne vous accompagne jamais ?

– Il ne peut pas parce qu'il a peur de l'eau.

– Alors, c'est pour cela qu'il vous regarde de loin avec ses jumelles...

– C'est exact Héloïse, tu as tout compris. De cette manière, il peut revoir sa fille chérie de loin. Malheureusement, il ne pourra plus la voir de près, car dès que nous approchons du rivage, ma fille reprend son aspect animal.

Je vois une jeune femme très souriante qui me regarde avec une tendresse infinie.

– Tu vas vivre une expérience magnifique, Héloïse... me dit Mélior, ne t'inquiète pas, je serai à tes côtés.

Sur le moment je ne comprends pas les paroles de Mélior.Je suis tellement subjuguée par sa beauté. Elle semble si heureuse en compagnie de sa mère.

– Le trajet risque de durer un peu longtemps, si tu le désires Héloïse, tu peux t'allonger et dormir un moment. Avant le lever du soleil, la nef atteindra la terre où vivent les fées, l'île de Célée.

Dans le bateau, un lit couvert de belles couvertures brodées des insignes de l'île des fées a été préparé à mon intention. Il y a également trois fuseaux de bois blanc, jaune et bleu provenant de l'arbre de vie. Je ne sais pas combien de temps je suis restée endormie.

Mélior vient doucement me réveiller pour m'annoncer que nous sommes arrivées. Le soleil à présent commence sa lente ascension dans le ciel. L'horizon se rapproche à toute allure et soudain la coque du bateau se heurte à cette ligne d'horizon qui est devenue aussi dure que les trompe-l'œil d'un décor de cinéma. Le bateau pivote pour se mettre parallèle à cette ligne d'horizon, comme dans un port. Harmony amarre le bateau.

Harmony me propose de descendre. Des marches

transparentes apparaissent. Elles descendent jusque dans le fond de la mer.

– Tu vas descendre dans l'eau Héloïse, m'indique Mélior. N'aie pas peur, laisse entrer l'eau dans tes poumons. Tu ne vas pas te noyer. C'est une drôle de sensation, mais n'aie pas peur. Cette sensation, tu la connais déjà. C'est comme dans le ventre de ta mère, tu as déjà respiré sous l'eau pendant neuf mois. Ne lutte pas contre ! Laisse tes yeux grand ouverts. Ils vont eux aussi s'habituer à l'eau salée.

J'ai un haut-le-cœur en sentant l'eau remplir mes poumons. Je vacille, j'ai une secousse d'angoisse. Mélior me rassure en posant ses mains sur mes épaules. Une nausée m'envahit tout d'un coup, je veux crier « Non ! », mais aucun son ne sort de ma bouche. Mélior lit dans mes pensées. Elle me parle doucement, me rassure.

– N'aie pas peur, Héloïse tu vas progressivement retrouver ta voix, ne lutte pas. Ce n'est l'affaire que de quelques secondes encore et après tu vas te sentir très légère.

J'obéis à Mélior et effectivement, je me sens de mieux en mieux. Mes yeux ne me piquent plus, je respire normalement. Je ne sens plus l'eau dans mes poumons. J'ai l'impression que je respire l'eau de la mer.

À présent, nous marchons toutes les deux au fond de la mer.

Après une courte période dans l'obscurité, nous arrivons devant des habitations baignées d'une lumière qui ne provient ni de la lune, ni du soleil mais d'une multitude de lampes. Rien ne semble naturel dans cette luminosité : artificielle et réelle, voilà comme elle m'apparaît.

Ces demeures sont splendides, semblables à tout point de vue à l'Atlantide, cette île légendaire, fabuleuse, que les hommes de l'Antiquité situaient dans l'océan Atlantique. La légende raconte qu'elle aurait été engloutie en un jour et une nuit, à la suite d'un cataclysme. L'île est supposée avoir été immensément riche, puissante et hautement civilisée.

– Nous sommes arrivées au palais du Soleil m'indique Mélior. Je ne rentre pas, mais je t'attends. Tu me retrouveras en haut des marches d'escalier. Nous ferons ensemble le chemin du retour.

Je pénètre dans le palais. Le sable est très doux à la plante de mes pieds.

À ce moment-là, j'entends une musique, une musique merveilleuse. Aucune musique n'est plus proche de l'harmonie céleste. La lumière qui pénètre dans le palais est très douce.

Je comprends qu'au fond de la mer, dans le pays des fées il n'y a ni jour ni nuit, mais un crépuscule permanent. Je n'ai ni trop chaud ni trop froid, une agréable température a gagné mes épaules et tout mon corps.

J'entre dans une grande pièce où je vois une longue table couverte d'une nappe richement brodée de petites fleurs en relief. La couleur dominante est le blanc, un blanc argent qui scintille. Le couvert est dressé pour une seule personne. De chaque côté de l'assiette, il y a trois couteaux et trois fourchettes à manche d'or ciselé, devant trois coupes étincelantes.

Une main invisible m'invite à m'asseoir sur un siège en cristal. Cette main dépose devant moi un plat sur lequel est posé un couvercle en argent, la moitié du couvercle est transparent et je peux voir à travers. La même main invisible soulève délicatement le couvercle qui disparaît aussitôt. Je découvre un mets délicieux qui sent bon la cannelle et les épices. Tous les plats sont composés d'un curieux mélange sucré-salé. La boisson est épicée, une sorte de lait caillé parfumé au safran.

Le repas est délicieux, chaque plat est apporté sur la table par cette main invisible. Je n'ai jamais mangé auparavant quelque chose d'aussi savoureux. Une suite de plats m'est proposée. Tout est vraiment différent de ce que j'ai vécu jusqu'alors.

À la fin du repas, la main invisible me dirige vers une autre pièce. Dès l'instant où j'arrive dans la grande salle qui semble être le cabinet de la reine des fées, je remar-

que un immense aquarium et je suis étonnée parce qu'il est en hauteur.

L'aquarium forme une bande étroite dans laquelle les poissons circulent tout autour de la pièce. Petits et gros se côtoient et avancent, à la même allure, lentement. Cela rend la vision de ce spectacle complètement irréelle. Les poissons sont tous blancs, non pas transparents, mais blancs. Ils semblent avoir été peints avec de la peinture blanche. L'eau de cet aquarium est d'un bleu plus intense que celui de la mer.

– Ce que tu vois là, m'explique la reine des fées en entrant dans la pièce vêtue d'un long manteau, ce ne sont pas des poissons ordinaires. Ils sont là, pour nous indiquer la pureté de l'eau.

– Je crois que je commence à comprendre, ai-je répondu.

– Tu sais combien tes amis les humains ont tendance à polluer la mer ! Aussi, dès que tous les poissons changent de couleur et deviennent gris, c'est mauvais signe. Nous savons que la mer a été polluée par un bateau qui a fait naufrage et a coulé, ou pire un bateau qui a rejeté volontairement ses déchets toxiques. Nous devons intervenir et nettoyer la mer, et cela nous devons le faire de plus en plus souvent. Notre capacité à réparer les erreurs des humains aura bientôt une limite.

– Je sais, je suis en train de passer le relais.

– Oui, Ismaël a été choisi et tu l'as reconnu, confirma

An-Gorme.

– C'est un enfant formidable, il sera à la hauteur, je lui fais confiance.

– Et, il ne sera pas tout seul. C'est le dernier message que je voulais te transmettre, Héloïse. Il est grand temps que les humains prennent conscience du danger de la pollution pour la planète.

Pendant qu'An-Gorme parle, derrière elle, apparaît un grand écran et je vois défiler en quelques secondes toute l'histoire de l'humanité depuis sa création, toutes les guerres, tous les fléaux causés par l'homme.

Alors, je comprends ce qu'il me reste à accomplir pour parfaire l'apprentissage du jeune messager que j'ai laissé seul en train de lire dans ma maison désertée.

CHAPITRE VI
Au pays de féérie

Ismaël était fasciné par le livre. Il aurait pu rester là des heures à lire et relire les passages qu'il avait le plus aimés. Il ressentait une vive émotion. Tous ces mots alignés rebondissaient dans son cœur. Soudain, il comprit qu'il serait éternellement amoureux des livres.

La maison était toujours vide et cette situation inspirait à Ismaël un sentiment d'impuissance.

Tout ce qu'il venait de lire était important à ses yeux. Mais pour l'instant, ces mots ne lui étaient pas d'un grand secours pour retrouver son amie. Il allait fermer le livre quand il éprouva le besoin de parcourir plus avant les pages du livre.

« Ne pas se fier aux apparences, je continue à tourner les pages, je ferme un instant les yeux pour me concentrer, je laisse mon intuition me guider, j'ouvre mon cœur au monde de l'infini des possibles », répéta Ismaël à voix basse, pour lui-même.

À ce moment-là, il sentit sous sa main un tout petit crochet très fin. Il le poussa délicatement, son cœur battait très fort. Alors, les pages se matérialisèrent, se rassemblèrent en un volume.

Le jeune garçon fut très étonné, car quelques secondes auparavant, il en était sûr, ces pages n'étaient pas reliées entre elles.

Il reprit son souffle et souleva les pages. Il découvrit une petite clé d'or ciselé à l'intérieur d'un cercle creusé dans l'épaisseur des pages. Il prit la clé et pendant un bon moment la contempla dans sa main. Ismaël se leva et regarda autour de lui. Il fit le tour de la pièce pour voir si entre-temps un autre signe ne serait pas apparu dans la maison.

Mais tout à coup, une voix derrière lui, mélodieuse et envoûtante, qu'il reconnut avec bonheur, arrêta ses pas. C'était la voix d'Héloïse, il en était sûr. Il se retourna et il n'y avait personne.

Elle semblait venir du ciel.

– Héloïse, Héloïse, où es-tu ?

– Je suis à l'étage, viens me rejoindre, proposa Héloïse.

– Mais comment ? La maison est vide et il n'y a plus d'escalier.

– Il faut imaginer l'inimaginable...

– Je ne comprends pas Héloïse, je ne comprends pas ce que tu veux dire. Aide-moi ! Tu parles par énigme.

– Il suffit d'y croire Ismaël tu le sais bien, croire en ce que tu fais, croire en ce que tu peux voir.

– Je ne sais pas comment faire pour venir te rejoindre !

– Il suffit de monter l'escalier.

– Il n'y a pas d'escalier.

– Est-ce ce que tu crois que l'escalier existe ?

– Tu sais, je le croirai quand je le verrai.

– Non, Ismaël ! Tu le verras quand tu y croiras !

– Mais comment ?

– Tu as une clé, tu n'as qu'à t'en servir. À la logique oppose l'Intuition.

– ...

– Que te dit ton intuition, Ismaël ? Que te dit-elle ?

– RIEN, je ne comprends pas !

– Prends le temps Ismaël, laisse ton cœur te guider, dit Héloïse d'une voix douce et réconfortante. Je suis à l'étage et pour venir me rejoindre tu dois ouvrir la petite porte en bois qui mène aux combles. Je t'attends.

Le calme revint au fond de lui. Le jeune garçon n'essaya pas de raisonner, mais laissa ses yeux errer, tout simplement il regarda. Puis, écoutant son intuition, il introduisit la clé dans une serrure imaginaire à peu près à l'endroit où se trouvait auparavant l'escalier. Ismaël lâcha la clé, elle resta figée en l'air.

L'enfant marqua un temps d'arrêt. Il observa que la clé ondoyait. Il ne savait plus que faire.

Mais, en opposant l'intuition à la logique, Ismaël tourna d'un cran la clé dans l'espace apparemment vide. Petit à petit Ismaël vit devant ses yeux se reconstruire, marche après marche, l'escalier. C'était magique, au beau milieu de la maison dénudée, l'escalier flottait, comme si des fils invisibles le tenaient en suspension.

« Tu le verras quand tu y croiras ! » Cette phrase résonnait dans le cœur du jeune garçon. Oui, il y avait cru et l'escalier était apparu ! Tout heureux d'avoir réussi, Ismaël gravit les marches en un éclair, excité à l'idée de retrouver son amie.

Quand il arriva devant la petite porte, son cœur s'accéléra. Il allait enfin savoir ce qui se cachait derrière cette porte en bois. Sa curiosité incorrigible et son imagination avaient échafaudé les plans les plus extravagants. Il posa doucement sa main sur la poignée, mais avant même qu'il ait eu le temps de l'actionner, la porte s'ouvrit toute seule.

La pièce était très sombre, seule une lumière centrale fournissait de la clarté.

La lumière venait du toit comme un rayon lumineux descendu du ciel, un puits de lumière, celle de la lune. Elle éclairait et diffusait à travers une lampe posée à gauche sur une longue table en bois sur laquelle Héloïse était penchée.

Il vit son amie de dos, elle était assise sur un tabouret en bois en forme de queue de baleine. Héloïse écrivait sur un grand livre ouvert devant elle.

La pièce était magnifique.

Sur la table de travail se trouvait alignée une série de pots en bois avec toutes sortes d'outils, des plumes blanches, des porte-plumes, des pinceaux, des gros, des petits. Plusieurs encriers parfaitement ordonnés complétaient l'ensemble. Sur le côté droit de la table, différents supports de papier étaient rangés dans un ordre très précis.

À côté, des petites boîtes transparentes laissaient entrevoir différentes plumes métalliques. Au mur étaient affichées de grandes feuilles blanches représentant différentes écritures. Elles n'étaient suspendues à rien. Sur ces planches d'étude, Ismaël aperçut les noms suivants :
l'Onciale, la Caroline, la Chancelière, la Textura, l'Anglaise.

Une série d'exercices montrait comment réaliser une lettre. La lettre était décortiquée en plusieurs éléments, des flèches avec un numéro indiquaient la progression de la construction de la lettre. La couleur de l'encre sur ces planches était d'un marron particulièrement lumineux et profond.

Ismaël reconnut des écritures qu'il avait déjà vues sur les petits bouts de papier rédigés par Héloïse pour la liste des courses. Il comprit qu'il se trouvait dans l'atelier de calligraphie de son amie.

Héloïse semblait ne pas avoir entendu Ismaël arriver. Elle était complètement absorbée par son travail. Il s'approcha doucement et la regarda travailler pendant un moment. Ce qu'il vit était irréel.

Héloïse écrivait avec les deux mains.

Dans sa main gauche, elle avait un outil en bois, il semblait très ancien. Elle le trempa dans un magnifique encrier posé devant elle. L'encre était transparente, mais elle se colora des couleurs de l'arc-en-ciel, au moment où Héloïse commença à écrire. Elle écrivait avec application et avec une maîtrise certaine de l'outil.

Quand elle arriva au milieu de la ligne sa main gauche se posa sur la feuille.

Puis, sa main droite prit le relais avec un outil différent, c'était une plume métallique emmanchée dans un long porte-plume argenté. Elle la trempa dans l'encre invisible et poursuivit l'écriture du texte.

Ismaël constata qu'au milieu de la page on apercevait un petit espace blanc qui formait au fur et à mesure une ligne droite, séparant d'une manière très distincte le texte en deux.

Le jeune garçon était impressionné de voir avec quelle facilité la vieille dame passait d'un outil à l'autre, de la main gauche à la droite. Il respirait à peine de peur de déranger son amie.

– Tu peux venir plus près de moi tu sais, tu ne me déranges pas, dit Héloïse en se tournant vers Ismaël.

– C'est magnifique ce que tu fais, mais dis-moi, pourquoi écris-tu des deux mains ?

– C'est une bonne question Ismaël, je vais t'expliquer. Viens t'asseoir près de moi.

Héloïse tira de dessous la table un autre tabouret en bois en forme de queue de baleine, comme le sien. L'assise était très confortable, la partie la plus large permettait de s'installer aisément et de conserver le dos bien droit.

– Tu vois l'outil que je tiens dans la main gauche, s'appelle un calame. C'est un morceau de roseau, son bec est biseauté. C'est un outil très ancien. Il représente l'intelligence universelle, et le symbole de la prédestination. J'écris de la main gauche ce qui représente la partie féminine. Regarde, les couleurs de l'encre de ce côté sont dans des dominantes dorées et de rouge orangé. L'outil que je tiens dans la main droite est une plume métallique beaucoup plus récente. C'est une copie de la plume d'oiseau que l'on utilisait auparavant. À gauche nous avons l'ancien, à droite le moderne. Avec la plume métallique, j'écris de la main droite qui représente la partie masculine. La plume symbolise le pouvoir céleste, et la puissance ; on lui accorde une vertu magique particulière, un don de clairvoyance. Tu vois, les couleurs de l'encre sont dans des tons bleu ciel et émeraude. Aussi, en écrivant des deux mains, le texte est équilibré. Chacun d'entre nous possède une partie plus féminine et une autre partie plus masculine. Les sentiments, la tendresse, l'affection sont généralement accordés au féminin, tandis que la force, le pouvoir, au masculin. La main gauche commence l'histoire avec son côté féminin, la droite la poursuit avec sa part de masculin. Ainsi, l'équilibre du texte se fait naturellement. Ce que me dicte ma main gauche est différent de celui de la droite, mais elles sont toutes les deux complémentaires. Je ne peux pas écrire que d'une main, en ignorant ce que veut écrire l'autre main.

– Tiens, tu peux les toucher, proposa Héloïse en posant les deux objets dans le creux de sa main.

Ismaël choisit le calame. À sa grande surprise, l'outil était plus léger qu'il l'aurait cru. Il constata que le calame était creux à l'intérieur. Il toucha le bec biseauté incliné vers la gauche avec son doigt.

– Tu peux l'essayer si tu veux.

– J'ai le droit ?

– Tu as parfaitement le droit. Je vais te montrer comment te positionner. La main doit être légère tout en étant précise, le corps détendu, la mâchoire à peine entrouverte pour ne pas retenir la respiration, les deux pieds parallèles posés au sol, le dos droit. Tu dois être assis sur le rebord du tabouret, l'avant-bras replié sur la table, la main placée sur la feuille.

Au fur et à mesure, Ismaël respectait les consignes et plaçait son corps correctement, le calame dans la main gauche.

– Très bien, Ismaël, confirma Héloïse, tu peux commencer à tracer ton premier trait. Regarde ! Je vais en faire un, un trait simple.

Et devant ses yeux, Ismaël vit apparaître un trait large net et régulier.

– À ton tour à présent !

Alors, le jeune garçon trempa le calame dans l'encrier et traça un trait. Son trait tremblotait et n'était pas régulier.

– Ce n'est pas aussi facile que je le croyais, reconnut Ismaël.

– C'est un apprentissage qui demande des heures et des heures de travail. Ce sont des pages et des pages d'exercices – comme un pianiste fait ses gammes – qui permettent d'acquérir le rendu du trait précis et dense. Je t'apprendrai Ismaël, tu seras toi aussi un bon calligraphe.

Ismaël dirigea son regard vers le centre de la table, il était subjugué par le livre ouvert devant lui. Ce manuscrit ressemblait à un vieux grimoire. Il était beaucoup plus grand que celui qu'il avait découvert au rez-de-chaussée de la maison, et qu'il avait pris la précaution de prendre avec lui.

– Mais qu'est-ce que tu écris dans ce grand livre ?

– Le mien est différent de celui que tu tiens sous ton bras, répondit Héloïse. Tiens, lis-moi le titre de ton livre.

– Mais tout à l'heure je n'ai pas vu de titre, comme sur aucun de tes livres !

– Regarde bien Ismaël, insista la vieille dame.

Le jeune garçon regarda fixement la couverture. Tout étonné, il lut : *Le livre des apprentis fées*.

– *Le livre des apprentis fées* ! répéta Ismaël, médusé

par l'apparition de ces quelques mots.

– Oui, tu as parfaitement lu. À présent, dis-moi ce que tu vois écrit sur le mien, lui proposa Héloïse en refermant le vieux grimoire.

– *Le livre des maîtres fées* !

– C'est exact, c'est un livre qui est destiné aux générations futures. Il contient un message universel. Je dois consigner tous les messages qui viennent du pays de féérie.

– Quels sont ces messages ? demanda Ismaël.

– Maintenant, tu es en droit de savoir, je voudrais que tu lises à voix haute le premier paragraphe du livre.

Ismaël se rapprocha de son amie. Héloïse lui remit le grand livre. Et avec un grand sérieux, un peu intimidé, le jeune garçon inspira profondément et commença à lire :

« Il est écrit qu'au fil des siècles le peuple des fées et celui des humains se sont éloignés l'un de l'autre, chacun évoluant dans des univers parallèles ; ils ne se rencontrent plus qu'exceptionnellement. L'alliance avec les puissances invisibles a disparu, alliance qui jadis unissait les hommes aux esprits, aux dieux et à la nature.

Mais il est dit qu'un jour cette alliance sera remise à l'honneur, les fées sortiront de leurs cachettes souterraines et établiront une nouvelle harmonie avec les humains par l'intermédiaire de messagers et de messagères qui seront initiés dès l'âge de sept ans. »

– Mais j'ai huit ans ! remarqua Ismaël.

– Ce n'est pas important, l'âge de sept ans correspond à l'âge de raison. Tu es venu à moi à l'âge de huit ans. L'essentiel c'est notre rencontre Ismaël.

– Je n'ai pas tout compris, tu sais, Héloïse. Tout ce que je lis actuellement, ça me semble que des énigmes. Mais au fait pourquoi la maison est vide ?

– C'est très bien Ismaël... tu poses les bonnes questions. Et je vais te donner la réponse. La maison est un symbole. Elle te représente toi, ce que tu es. L'essentiel n'est pas l'extérieur de soi-même. L'intérieur de soi est nécessaire, pour que tu existes, pour que la maison existe. Si tu es simplement un magicien avec des pouvoirs, mais qu'à l'intérieur de toi il n'y a rien, ces talents ne te serviront pas à grand-chose. Il faut qu'il y ait un juste équilibre des énergies entre le dedans et le dehors.

– Je comprends, rétorqua Ismaël. J'ai bien vu tout à l'heure que c'est à l'intérieur de moi que j'ai trouvé la solution.

– C'est exact, ce qui donne de la valeur à une maison ce sont les pièces et leur disposition, les meubles, tous les objets choisis par le propriétaire de cette demeure. Chaque objet a son utilité. Une maison vide n'a pas d'âme. Chaque pièce représente une partie de toi, de tes connaissances, celles que tu apprends à l'école, mais aussi celles que tu apprendras par toi-même en complément de ton savoir scolaire, grâce à la lecture par exemple.

Une autre pièce représente tes qualités, tes dons. Nous avons tous un don qui nous a été offert à notre naissance..., mais bien peu de personnes le savent ! Il y a des pièces plus grandes que d'autres, dans certaines il y aura tes défauts, car tu dois bien en avoir, Ismaël..., non ?

– Je me souviens Héloïse de l'autre nuit quand tu m'as dit « Ce que tu seras à l'intérieur se reflétera à l'extérieur », rétorqua Ismaël.

– C'est bien mon enfant tu apprends vite ! constata Héloïse. La vie est un long apprentissage... Je reconnais que l'épreuve que tu viens de vivre était effrayante pour toi. Mais il fallait que tu passes par ce chemin initiatique pour comprendre l'importance de la richesse intérieure.

– Oui Héloïse, cela a été très dur pour moi de me retrouver seul dans ta grande maison vide. Surtout ce soir, j'avais vraiment besoin de te parler de quelque chose... et tu n'étais pas là !

– A présent, je suis avec toi, alors tu peux me parler, je t'écoute, répondit Héloïse d'une voix douce.

– Tu es certainement au courant que le fleuriste a offert une rose à ma maman ! dit Ismaël d'une voix agacée.

– Oui je l'ai vue. Elle est magnifique ! répondit la vieille dame d'un ton léger.

– Ah ! bon, c'est tout ce que tu trouves à dire ! Tu trouves normal que le fleuriste qui ne connaît absolument pas ma maman lui offre une fleur ? rétorqua Ismaël, visiblement très contrarié.

– « Qui ne connaît absolument pas ta maman », ai-je bien entendu ? Tu sais très bien Ismaël, que ta maman va chaque jour chez le fleuriste pour moi, c'est son travail. Et je trouve très gentil de sa part d'offrir une fleur à une cliente particulièrement fidèle, répondit Héloïse en remettant ses petites lunettes en écaille sur son nez.

– Mais c'est toi la cliente, pas ma maman !

– Arrête de jouer sur les mots Ismaël, et dis-moi ce que tu as vraiment sur le cœur !

– Je crois que le fleuriste est amoureux de ma maman, dit Ismaël avec des larmes au fond de la voix.

– Et cette pensée te rend triste ?

– Oui, parce qu'il va me prendre ma maman. J'ai bien vu que maman était très heureuse de sa rose, elle l'a posée au milieu de la table de la salle à manger ... comme un trophée.

– Tu sais, le cœur de ta maman est assez grand pour faire de la place à un homme dans sa vie sans t'en enlever à toi ! Tu auras toujours une place privilégiée dans le cœur de ta maman, lui expliqua Héloïse.

– Je sais, admit Ismaël, mais elle n'aura plus le temps de s'occuper de moi. Je le vois bien depuis qu'elle travaille, elle ne joue plus avec moi. Quand je lui parle, il me semble parfois qu'elle ne m'écoute pas, ou bien qu'elle ne me comprend pas. Pourtant elle aussi, un jour elle a été un enfant comme moi, n'est-ce pas ?

– Je comprends ta peine Ismaël, répondit Héloïse en serrant contre elle le jeune garçon. C'est vrai que toutes les grandes personnes ont été des enfants, mais bien peu s'en souviennent. Certains adultes l'ont oublié, ils ont une vie trépidante, ils n'ont plus le temps de se rappeler comment ils étaient enfants. Ils voulaient tellement comme toi devenir grands, tu comprends, devenir quelqu'un d'important qu'ils ont effacé volontairement ou inconsciemment leur enfance de leur esprit. Pour d'autres, leur enfance était très difficile, ils veulent l'oublier. Puis, certains adultes, eux restent de grands enfants toute leur vie ; ils ont la nostalgie de leur enfance. C'est toute l'ambiguïté des grandes personnes qui veulent grandir tout en voulant rester au fond d'elles, un enfant. C'est vrai également, que la vie d'adulte n'est pas simple avec des responsabilités dans le travail, des soucis, des peines. Ce n'est pas facile d'être petit, c'est difficile aussi d'être adulte ! Ne sois pas trop dur avec ta maman, Ismaël ! suggéra Héloïse.

– D'accord, tu as raison comme toujours ! soupira Ismaël.

– Je suis là pour t'aider, je suis ton amie.

– Oh ! Je suis tellement content de t'avoir rencontré !, balbutia Ismaël, avec toi je peux parler... après je me sens beaucoup mieux.

L'attention d'Ismaël fut soudain attirée par une magnifique matriochka qui était posée sur la table de travail d'Héloïse. L'enfant resta quelques secondes sans parler, médusé par la grandeur de la figurine en bois.

La vieille dame observa le jeune garçon et respecta son silence.

– Elle est magnifique ta poupée russe, s'exclama Ismaël au bout d'un long moment. Celles que j'ai vues en photo dans le livre, elles me semblaient beaucoup plus petites...

– Oui, tu as raison Ismaël, cette matriochka m'a été offerte lorsque j'étais très jeune par un ami russe venu en visite dans ma famille. Je l'ai toujours gardée avec moi et elle a sa place. Et quelle place ! Vois comme elle trône sur mon bureau de calligraphie, cela depuis plusieurs années. C'est un peu mon porte-bonheur.

– Est-ce que je peux l'ouvrir ? demanda Ismaël avec impatience.

– Bien sûr, je te demande simplement de le faire avec précaution.

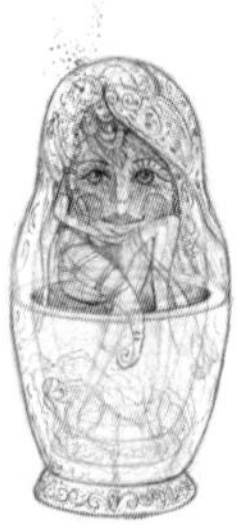

Alors, Ismaël prit la matriochka entre ses mains et repéra la ligne horizontale très fine qui lui permettrait d'ouvrir la première figurine en bois ; elle était majestueuse. À l'intérieur, il découvrit une autre poupée légèrement plus petite, mais qui avait le même visage.

Chacune avait le dessus de la tête orné d'une décoration scintillante à pierres rouges qui semblait être une couronne à laquelle était attaché un voile qui prenait le menton avant de se déployer sur les épaules. L'arrière de la tête était peint en bleu indigo avec de légers reflets métalliques ondulant dans les tons de vert.

Des motifs en forme d'ailes et d'autres floraux composaient le reste du dos. Le visage de la poupée russe était la douceur même ; de grands yeux verts, une jolie bouche bien dessinée en rouge, des sourcils fins, et deux ronds rosés sur les pommettes.

Si les deux têtes étaient identiques, les dessins encerclés d'un rond doré sur la partie bombée de la figurine différaient. Ismaël le remarqua. En effet, le premier représentait un chevalier sur un beau destrier. À la crinière flottante de son coursier pendaient quelques clochettes d'argent. Il emmenait une jeune femme, assise en amazone, vêtue d'une robe bleue et coiffée d'un diadème de la même couleur qui tenait un voile d'un bleu transparent.

Sur le deuxième médaillon, le chevalier à terre, seul, discutait près d'un arbre avec un vieux monsieur muni d'une canne. Excité, curieux, Ismaël continua à défaire une à une les figurines.

La troisième était plus dure à ouvrir. Elle semblait coincée. Ismaël hésita puis il força un peu. Il allait renoncer de peur d'abîmer la poupée, mais il regarda la vieille dame. D'un hochement de tête, Héloïse confirma que son geste était le bon.

Puis, Mme Hacket laissa tranquillement Ismaël découvrir les différentes poupées de la plus grande à la plus petite.

– Waouh ! s'exclama Ismaël, il y en a dix. Dans mon livre, il disait que ces poupées russes sont très rares !

– En effet, cette matriochka est exceptionnelle par le nombre des figurines à l'intérieur, mais aussi parce qu'elle possède une particularité. Je te la laisse découvrir, répondit Héloïse.

À présent, les dix figurines en bois étaient étalées devant lui. Ismaël observa attentivement le troisième dessin. Il découvrit une jeune femme avec une robe rouge et des cheveux blonds rassemblés sur son épaule droite en une très longue queue. Elle était entourée de deux cygnes blancs. Elle avait un mouchoir blanc dans la main et faisait un signe. Le quatrième dessin représentait toujours la même jeune femme devant ce qui semblait être l'entrée d'un palais.

Il vit cette fois-ci sur la tête de la jeune fille, le même diadème rouge avec un voile bleu flottant derrière elle, ainsi que certains détails qu'il n'avait pas remarqués jusqu'alors.

À la cinquième poupée, Ismaël retrouva le jeune chevalier assis par terre, pensif, la tête posée sur une main. Il poursuivit son observation et découvrit sur la sixième figurine un homme âgé – différent de la deuxième poupée – avec une longue barbe blanche et une couronne sur la tête. Le vieil homme avait les deux mains de chaque côté de son visage, il semblait réfléchir, assis sur un drôle de coussin.

À la septième, de nouveau, toujours la même jeune fille assise près d'un tronc d'arbre. C'était de plus en plus énigmatique. La huitième semblait être une ruche, un soleil était dessiné sur la partie du haut. Il était difficile pour le jeune garçon d'interpréter l'histoire qui se déroulait devant ses yeux.

Enfin, la neuvième et la dixième représentaient deux animaux ; sur l'une un gros ours brun de profil contre le tronc d'un arbre, sur la dernière une petite grenouille verte assise sur un nénuphar, avec une baguette magique dans une patte.

C'était à ne plus rien y comprendre.

La seule cohérence de ces dessins était dans la reproduction identique sur toutes les poupées de la même tête, de la même couronne, du même voile et du même motif dans le dos, constata Ismaël.

Ismaël avait les yeux qui pétillaient. La vue de toutes les poupées alignées devant lui, scintillantes dans la pénombre rendait cette vision presque irréelle.

– Je n'ai pas compris l'histoire, dit Ismaël.

– Il n'y a pas une seule histoire, il y en a plusieurs. Chacun d'entre nous en regardant ces différentes saynètes peut inventer l'histoire qui lui plaît, commenta Héloïse.

– Mais, alors qu'est-ce qu'elles veulent dire toutes ces poupées les unes dans les autres ?

– Je vais t'expliquer, elles te représentent Toi. Tu portes en toi toutes les poupées russes, c'est-à-dire les différentes personnes que tu seras au cours de ta vie. La première poupée symbolise le tout petit enfant que tu étais à ta naissance. Les autres poupées, plus grandes, te situent dans l'avenir, ce que tu deviendras, à chaque âge. Car tu évolues. Mais au fond de ton cœur, tu porteras toujours en toi la plus petite poupée, celle que tu étais à ta naissance. Tu n'abandonnes rien de toi. Si tu regardes les poupées alignées, tu peux dire à quelle poupée tu t'identifies. Si tu te projettes en avant, tu peux dire « je serai », « je ne serai pas » et après, si tu te retournes en arrière tu dis « j'étais », « je n'étais pas ». Un jour, tu seras la somme de toutes ces poupées. Aucune d'elles ne se sera perdue en route.

– Oui, je comprends maintenant la phrase écrite sur mon livre au-dessous de la matriochka : « La nouvelle personne que je suis, plus complète que la précédente mais toujours fidèle à moi-même. »

– Très bien Ismaël, tu apprends vite, c'est pour cela que les fées t'ont choisi ! Tu sais, le paradoxe de l'apprentissage est celui-ci : Tout le travail que tu accomplis ne sert qu'à t'en donner encore davantage. Dès que tu crois avoir atteint un bon niveau de connaissance, voilà que tu réalises qu'il te faut découvrir encore autre chose. Rien n'est jamais acquis. Tu grandis en passant de la plus petite poupée à la moyenne, puis à la grande, mais tu apprends aussi. Il faut que tu considères Ismaël, l'apprentissage, comme un enrichissement perpétuel et ce... jusqu'au dernier souffle !

Héloïse fit une pause et laissa un moment au jeune garçon pour lui laisser le temps d'assimiler ce qu'elle venait de lui dire. Puis elle reprit.

– Mais dis-moi, d'après toi Ismaël, laquelle de ces poupées te représente, aujourd'hui ? questionna Éloïse.

– Tu dis que la première me représente moi, bébé ?

– Tout à fait.

– Alors je ne suis pas la première, la seconde est encore petite, dit Ismaël tout en la reposant, je crois bien que je suis la troisième. Oui, c'est ça la troisième.

– C'est juste, tu n'es pas encore un adolescent, et tu n'es plus un petit enfant. Rappelle-toi, tu as l'âge de raison. Et moi, laquelle je suis?

– Toi, c'est un peu plus compliqué, il faut que je réfléchisse. C'est sûr que tu n'es pas la première, dit Ismaël en éclatant de rire.

– Ah ! ça c'est exact ! confirma Éloïse en riant de bon cœur à la plaisanterie d'Ismaël.

– C'est vrai que tu es vieille, donc tu as déjà en toi les, un, deux, trois, quatre, cinq, six, sept poupées russes, compta Ismaël en posant son doigt sur chacune des figurines.

Il s'arrêta sur la septième et regarda longuement son amie. Puis il mit son doigt sur la huitième et déclara tout fier de lui.

– Tu es la huitième poupée !

– Non Ismaël, aujourd'hui je suis la dernière poupée. Je suis à la fin de ma vie et je suis l'addition des neuf poupées. Elles me représentent, à chaque étape de ma vie !

– Dis, tu ne vas pas mourir, pas encore !

– Non pas tout de suite, Ismaël, je te le promets ! Maintenant, je vais te dire la particularité de cette matriochka poursuivit Héloïse d'un ton plus léger, changeant volontairement de conversation. Seules les poupées contenant dix figurines en bois ont un dessin sur la partie charnue !

– C'est magnifique ! Mais au fait, déclara tout d'un coup l'enfant, pendant que j'étais tout seul en bas dans ta maison vide, tu étais où, toi ?

– Je n'étais pas là, j'étais au pays de féérie et j'ai rencontré la reine des fées, An-Gorme.

– Oh ! J'aimerais bien que tu me racontes ce qui s'est passé là-bas.

– Je vais faire mieux, Ismaël... Je vais te le montrer. Tu ne le sais pas encore, mais je vais t'apprendre ce soir que tu as le don de double vue.

– Cela veut dire quoi ?

– Cela veut dire que tu es capable de voir ce qui se passe, ou ce qui s'est passé dans un autre lieu, alors que tu es présent ici avec moi.

– J'ai un troisième pouvoir ! s'enthousiasma Ismaël.

Héloïse acquiesça et ajouta sur un ton mesuré :

– Oui mon enfant, je vais te montrer.

Alors, la vieille dame se concentra et demanda au jeune garçon de faire la même chose qu'elle. La tête légèrement en arrière, Héloïse ferma les yeux et prit la main d'Ismaël. Puisque c'était la première fois que l'enfant faisait cet exercice, Mme Hacket lui insuffla son pouvoir et son énergie.

Comme le lui avait enseigné la reine des fées, Héloïse était capable de voir au-delà de la frontière voilée séparant les deux mondes. Ismaël se laissa faire et attendit que la vision apparaisse devant ses yeux.

Tout d'un coup la magie opéra, Ismaël se retrouva projeté dans une autre dimension du temps : au moment même où Héloïse, allongée sur le sable dans le jardin, attendait An-Gorme. Il pouvait voir la scène se dérouler sous ses yeux, c'est-à-dire légèrement en dessous de lui.

Et au lieu que ce fut son amie qui lui raconta l'histoire, il la regardait depuis son poste d'observateur...

Et c'est ainsi qu'Ismaël découvrit l'expérience vécue par Héloïse.

...Au moment des dernières images sur le grand écran mental, la vision s'arrêta net. Ismaël rouvrit les yeux et regarda son amie qui lui tenait toujours la main.

– C'était fantastique, j'ai adoré le passage où tu te retrouves dans le fond de la mer. Mais comment as-tu pu, en si peu de temps, vivre tout ce que je viens de voir ?

– Il faut que tu saches une chose Ismaël, l'écoulement du temps en pays de féérie n'est pas le même que dans notre monde. Il est totalement arbitraire, une minute de temps féérique peut durer un an ou bien cent ans. Une année peut se dérouler en une fraction de seconde. Le temps peut également aller à rebours. C'est ce que j'ai vécu il y a une heure. Je me suis retrouvée l'espace d'une respiration au temps où j'étais jeune. Et l'expérience que j'ai vécue, je ne l'avais jamais vécue auparavant. Le temps féérique peut sauter aussi sans cesse entre le passé et le futur. On ne sait jamais. C'est la raison pour laquelle il est impossible de mesurer le temps des fées selon les critères de notre monde humain. En réalité, l'accélération, le ralentissement ou l'immobilisation dans le monde des fées se déroulent toujours le temps d'un enchantement.

– C'est génial, c'est vraiment trop cool d'être avec toi ! Je m'amuse beaucoup ! Mais j'ai une autre question, il y a un mot que je n'ai pas compris, reprit Ismaël, d'une voix plus grave.

– Lequel mon enfant ? répondit Héloïse, un petit sourire aux lèvres, amusée par l'expression peu habituelle de la part de son ami.

– À un moment donné, Harmony te parle de sa fille quand elle est morte. Et elle a employé un mot que je ne connais pas... j'ai du mal à me souvenir de ce mot, oh ! zut !, je l'ai sur le bout de la langue, protesta Ismaël.

– Je pense que c'est réincarnation, murmura Héloïse.

– Oui c'est ça, réincarnation, et qu'est-ce que cela veut dire ?

– La réincarnation c'est l'évolution que l'âme accomplit au cours de vies successives. Chaque personne possède plusieurs vies. Après la mort, la vie renaît. Une nouvelle naissance a lieu dans un autre corps, pas forcément là où on a déjà vécu. Cette nouvelle vie permet à l'âme de poursuivre son évolution, car elle fera de nouvelles expériences. Comme si elle quittait un vêtement usé pour un neuf, l'âme s'en va du vieux corps et en revêt un nouveau. Mais tu vois, on peut aussi se réincarner en animal... comme Mélior !

– En animal ?

– Une très vieille légende égyptienne dit que les chats ont neuf vies. Ce peuple vénérait les chats. Il en a fait des statues. Les Égyptiens les admiraient, car ils avaient remarqué que les chats étaient capables de rester vivants après une grande chute, par exemple lorsqu'ils tombaient d'un toit. Ils échappaient régulièrement à la mort. Ils déduisirent que les chats avaient une grande résistance. Alors qu'ils étaient en danger, ils trouvaient toujours un moyen de survivre.

– Pourquoi le chiffre neuf ?

– Parce que la légende dit que c'est un chiffre qui porte bonheur ou du moins qu'il a un pouvoir surnaturel, expliqua Héloïse.

– Mais alors, dit soudain Ismaël, Manoucha c'est une réincarnation de Mélior ?

– Exact Ismaël ! Peu avant sa mort, Harmony m'a confié sa chatte. Depuis, Mélior a vécu quatre autres vies de chats en ma compagnie. Elle en est à sa septième vie. Quel que soit l'endroit où j'étais, elle a toujours su me retrouver. Ainsi dans ma vie, j'ai vu plusieurs fois surgir une chatte qui m'était inconnue, mais que je reconnaissais aussitôt.

– Toutes ces idées sont nouvelles pour moi, tu sais... lança le jeune garçon.

– Je n'en doute pas ! Mais, je suis ici pour te guider, pour que tu puisses différencier toutes les connaissances que l'on va t'enseigner à l'école et celles que tu peux assimiler par toi-même. L'éducation va te donner une vision logique du monde. Il y a un mot plus précis pour désigner cette image : ce sont les idées formatées préconçues.

Ce dont je te parle ici est une tout autre manière de regarder et de parler de la vie. Tu auras toujours la possibilité de choisir et de penser différemment des autres. Cela s'appelle le libre arbitre.

La vie est magique, ponctuée de moments d'inspiration et de dons qui sont l'œuvre des fées.

– Il faut que tu saches une chose Ismaël, murmura Héloïse au creux de l'oreille de l'enfant :

Les fées sont là pour réaliser nos vœux !

CHAPITRE VII
Un oiseau bleu dans les arbres

Cette nuit-là, Ismaël rêva de son père. Depuis la mort de ce dernier, c'était la première fois. Dans son rêve, il lui souriait et se tenait les mains en avant pour l'accueillir contre lui. Et curieusement, au creux de ses bras l'enfant se sentait bien. Il n'avait jamais ressenti ce bien-être en sa présence lorsqu'il était vivant.

Le jeune garçon était troublé, ému. Ismaël pleura pendant son sommeil. Le plus bouleversant c'était que l'enfant éprouvait envers son père un sentiment nouveau. Il se sentait beaucoup plus proche de lui. Il le trouvait plus jeune que dans ses souvenirs, les traits de son visage moins durs.

Il semblait serein. Ismaël ne connaissait pas beaucoup son père.

C'était un homme qui était très souvent absent de la

maison à cause de son travail. Combien de jours ? Il ne s'en rappelait plus. Il se souvenait que ces absences duraient longtemps, et que c'était sa mère qui s'occupait seule de lui.

Le père de l'enfant dans le rêve parlait à son fils. Les mots sortaient de sa bouche, mais aucun son. Ils jaillissaient lentement, comme dans un film au ralenti. Ismaël était agité, il tournait dans son lit. Il ne comprenait pas ce que lui disait son père, et cela l'agaçait.

Le seul mot dont il put comprendre le sens fut : Message. Son père petit à petit s'éloignait, l'enfant voulait le rejoindre, mais il n'y arrivait pas. Il voulait courir et ses jambes n'avançaient pas. Il restait cloué sur place. Il n'y arrivait pas.

Malgré tous ses efforts, Ismaël ne bougea pas d'un pouce. Frustré, il voyait son père s'en aller de plus en plus et il ne pouvait rien faire. Il cria « Papa, Papa, attends-moi ! », mais celui-ci ne l'entendit pas, sa phrase résonna dans le vide. Progressivement, l'image de son père s'effaça. Soudain, le rêve s'arrêta.

Ismaël se réveilla d'un bond, épuisé, tout en sueur. Il essaya d'allumer sa lampe de chevet, elle était plus haute que d'habitude. Alors, Ismaël constata qu'il était tombé de son lit et avait entraîné la couette dans sa chute. Son visage était baigné de larmes, il réalisa qu'il avait pleuré. Il se releva, le haut de son pyjama collait contre sa poitrine. Il éclaira. Il prit la petite bouteille d'eau posée sur son chevet et la but d'un trait. Bizarrement, il se recoucha et se rendormit aussitôt.

Le lendemain matin, un vague souvenir du rêve en tête, Ismaël descendit prendre le petit déjeuner avec sa mère. Il ne fit aucune mention de son cauchemar.

Alice accompagna son enfant à l'école. Elle l'embrassa tendrement puis se dirigea vers la maison d'Héloïse.

C'était déjà le printemps. Les mois s'étaient succédés depuis qu'Alice était entrée au service de Mme Hacket. Elle découvrit les arbres fruitiers en fleurs dans le jardin de la vieille dame. Cette saison était sa préférée. Toute la nature indiquait le renouveau. Alice se sentait d'une humeur légère, ce matin-là. Elle était tout heureuse à l'idée d'aller au marché et de faire les courses pour Héloïse.

Quand Alice arriva chez Mme Hacket, elle constata qu'elle était dehors dans son jardin. C'était la première fois qu'Alice voyait la vieille dame à l'extérieur de chez elle, en train de se promener et de regarder le paysage. Elle en fut étonnée.

– Bonjour Héloïse, comment allez-vous ce matin ? demanda Alice.

– Bonjour Alice, bien je vous remercie. Regardez comme la nature est belle ! Tous ces arbres en fleurs et quelle odeur, un vrai délice pour les narines !

– Vos arbres fruitiers sont magnifiques, il y a tellement de fleurs qu'on dirait qu'il a neigé, s'exclama Alice.

– C'est vrai, j'ai l'impression que je les regarde pour la première fois ! Je vous ai préparé la liste des courses et je l'ai déposée dans l'entrée... comme d'habitude ! Je vous laisse faire Alice, je vais rester encore un peu dans le jardin pour profiter de la douceur de cette matinée.

– Voulez-vous que je vous apporte votre veste ? proposa Alice.

– Non, c'est très gentil à vous, mais je n'ai pas froid ! répondit la vieille dame avec une intonation particulière dans la voix.

La jeune femme trouva Héloïse différente, un brin mélancolique, ce qui n'était pas dans ses habitudes. Toujours pétillante, avec la répartie facile, Mme Hacket ne semblait pas être comme tous les jours. Alice remarqua son regard, il paraissait être ailleurs. Elle faillit lui poser une question, mais elle se ravisa et ne dit rien.

Alice partit pour le marché, munie de toutes les petites notes rédigées à l'encre violette par Héloïse et avec son panier bleu à roulettes. Au bruit des clochettes accrochées au cabas, Mme Hacket sut que la jeune femme s'éloignait.

Les commerçants du village attendaient avec un plaisir non dissimulé la visite quotidienne de la jeune femme qui détenait la précieuse liste destinée à chacun. Au fil du temps, une complicité s'était établie. Alice avait même droit chaque jour à un petit supplément pour elle, rajouté dans la commande de Mme Hacket.

Mais ils n'en parlaient pas entre eux, chacun pensait être le seul à le faire. Alice se gardait bien de ne rien dire et appréciait ces cadeaux. C'était une économie pour son budget et elle savait qu'elle avait droit en plus, à la meilleure qualité, comme pour Héloïse.

Alice recevait désormais chaque jour une fleur différente de la part du fleuriste. Il faut l'avouer, c'était pour la jeune femme le moment le plus attendu de sa tournée. Elle terminait toujours en dernier par l'achat de la rose blanche. Alice s'attardait de plus en plus pour parler avec Dagan.

Et c'est ainsi, au cours de ses visites journalières, que la jeune femme avait appris que le jeune fleuriste était veuf, lui aussi. Depuis, cette révélation l'avait troublé profondément. Alice subodora que c'était parce qu'ils partageaient la même peine. Mais c'était plus que cela. Un lien particulier les unissait..., mais elle ne le savait pas encore.

Ce jour-là, sans le faire exprès, Alice fit tomber la petite liste rédigée par Héloïse. Au même moment, ils se penchèrent tous les deux pour la ramasser. Ils se retrouvèrent, face à face, accroupis, prêts à récupérer le précieux bout de papier. Et leurs mains se frôlèrent.

L'effleurement de sa peau contre la sienne, fut comme une décharge électrique. Alice sursauta en même temps que Dagan. Au moment du contact avec sa main, une vision apparut devant les yeux d'Alice. C'était lui, c'était elle... mais différents, dans un autre lieu. La vision s'arrêta. La jeune femme semblait être au bord de l'évanouissement... mais non, cette sensation était même agréable, très agréable. Elle reprenait contact avec un sentiment déjà connu, déjà vécu !

Ils se regardèrent un long moment dans les yeux, sans parler. Le jeune homme prit la parole en premier.

– Il me semble vous connaître Alice... enfin, je veux dire, depuis fort longtemps, murmura Dagan en baissant les yeux.

– C'est la même chose pour moi, et je ne peux pas l'expliquer non plus, répondit la jeune femme en avançant sa main vers son épaule.

– C'est ce que me dicte mon cœur, dirent en même temps Alice et Dagan.

Des milliers d'années auparavant, à des milliers de lieues d'ici, oui... peut-être, en effet.

Il lui semblait qu'à travers le temps, au-delà du temps,

elle le reconnaissait.

Soudain la vision de son mari brouilla à nouveau sa vue. Non ce n'est pas possible, pensa-t-elle, je ne peux pas avoir ces pensées !

Pourtant sa peau reconnaissait la sienne, c'était troublant.

Se pouvait-il que le père de son enfant n'eut été qu'un lien transitoire dans l'accomplissement de sa destinée ? Oui, un lien pour traverser le temps, pour lui permettre d'être prête à l'unir, le moment venu, à nouveau, à l'homme qu'elle aimait depuis des siècles...

Il lui semblait qu'elle connaissait déjà ce qu'il aimait, ses goûts, ses couleurs préférées... comme s'ils avaient ensemble les mêmes souvenirs.

« Il y a des vies pour apprendre à s'aimer,
et des vies pour s'aimer vraiment. »

– J'aimerais vous revoir Alice, proposa Dagan.

– Oui, moi aussi... j'aimerais bien, répondit Alice en souriant au beau jeune homme qui se trouvait devant elle.

Pendant la journée, son rêve revint à la mémoire d'Ismaël. D'un seul coup, comme un flash, il se rappela qu'il avait rêvé de son père. Il eut un frisson, car ce souvenir n'était pas agréable pour lui. Il resta pensif un long moment regardant par la fenêtre la cour de l'école, tant et si bien qu'il resta déconcentré jusqu'à la fin des cours de l'après-midi.

Il n'avait qu'une hâte, c'était de retrouver Héloïse et de lui parler.

Quand il rentra de l'école, Ismaël découvrit son amie dans le jardin. Elle était assise sur le banc près du saule pleureur. Visiblement, elle l'attendait.

– Regarde comme la nature est belle en cette saison, dit Héloïse en accueillant le jeune garçon. Nous ne prenons jamais assez le temps de regarder ce merveilleux spectacle.

– C'est bien la première fois que je te vois dans ton jardin ! dit Ismaël.

– C'est vrai, mais aujourd'hui j'avais envie de profiter de la douceur du printemps qui s'installe.

Puis, Héloïse se leva et proposa à Ismaël de faire le tour du jardin avec elle. La température était agréable, les jours grandissaient. Elle nomma pour Ismaël tous les noms des plantes, des arbres, leurs particularités. À quelle époque elle ramassait les abricots, comment savoir à quel moment ils étaient assez mûrs. Elle lui donna un cours de botanique.

Les arbres étaient impérieux. C'étaient ceux-là même qui lui avaient fait tant peur une nuit. À présent ils ne semblaient pas du tout terrifiants, bien au contraire.

Héloïse posa sa main sur le tronc de l'arbre. Elle voulait prendre la force du bois, l'énergie de l'univers à travers ce bois massif. Elle proposa à Ismaël de faire comme elle, pour sentir la présence de la nature.

– Comment vas-tu aujourd'hui mon petit bonhomme ? demanda Héloïse au bout d'un moment.

– Pas très bien, j'ai fait un cauchemar cette nuit.

– Ah ! bon. Tu veux bien me le raconter ?

Alors Ismaël, raconta en détail son rêve de la nuit précédente.

– Je n'ai pas compris ce que voulait dire mon père. Pourquoi aurait-il un message à me transmettre ? Tu ne trouves pas cela étrange, toi ?

– Je ne sais pas mon garçon... Pour une fois, je n'ai pas de réponse, répondit la vieille dame avec une lueur de tristesse dans les yeux.

Car Héloïse avait compris le sens du mot message. Elle savait qu'un jour ou l'autre, cela arriverait, elle attendait simplement un signe. Elle sut qu'elle était sur le point de rencontrer son destin.

À ce moment-là, une quinte de toux coupa le souffle de la vieille dame. Elle se courba en deux en grimaçant de douleur. Elle avait du mal à respirer.

– Héloïse, Héloïse, mais qu'est-ce qui t'arrive, tu ne te sens pas bien ? Maman, Maman, cria Ismaël, tout en soutenant son amie comme il pouvait.

Alertée par les hurlements de son fils, Alice se précipita à l'extérieur et découvrit Héloïse qui s'appuyait péniblement sur l'épaule d'Ismaël pour avancer. Elle avait du mal à mettre un pied devant l'autre. Alice passa son bras sur l'épaule de la vieille dame et l'aida à avancer jusqu'au perron.

– Héloïse, vous avez attrapé froid ! Ce n'est pas sérieux à votre âge de rester dehors sans être couverte. Vous auriez dû mettre votre veste comme je vous l'ai proposé ce matin, protesta Alice.

– Vous avez raison ma petite Alice, répondit Héloïse avec une voix enrouée. Mais les vieilles dames comme moi n'en font toujours qu'à leur tête, vous savez !

La vieille dame tenta un sourire vers Alice, mais une autre quinte l'en empêcha.

Alice aida Héloïse à monter l'escalier. Elle installa Mme Hacket dans sa chambre et lui proposa d'appeler son médecin. Héloïse ne dit pas non. Elle se sentait très affaiblie et elle s'en remit à la jeune femme. Pendant qu'Alice était redescendue au rez-de-chaussée pour téléphoner, Ismaël était resté auprès de son amie.

– Je crois qu'il serait plus raisonnable que tu ne viennes pas me rejoindre ce soir Ismaël, je ne me sens pas très bien et je pense qu'une bonne nuit de repos me fera le plus grand bien. Qu'en penses-tu ?

– Oui bien sûr Héloïse, je ne veux pas t'embêter, mais tu ne vas pas mourir, dis ?

– Non mon chéri, pas cette nuit, je te le promets !

À ce moment-là, Alice entra dans la chambre et informa la vieille dame que le médecin passerait dans une heure.

– Très bien, très bien, mais ne vous faites pas de soucis ma petite Alice, je vais déjà mieux ! dit Héloïse avec une voix qui se voulait rassurante.

– Je vais vous préparer votre tisane de thym, et toi Ismaël, tu devrais redescendre avec moi pour ne pas fatiguer Héloïse, suggéra Alice.

– Non, laissez Alice, répondit la vieille dame, il peut rester avec moi, il ne me dérange pas du tout. Ce serait bien même que tu me fasses la lecture et que nous terminions ensemble le livre, rajouta Héloïse en s'adressant à l'enfant.

– Je vais aller le chercher tout de suite, je reviens, répondit Ismaël tout heureux de pouvoir rester en compagnie de son amie.

Avec la fougue de sa jeunesse, Ismaël descendit l'escalier à toute vitesse, prit le livre resté sur le guéridon dans le salon et remonta aussitôt auprès de cette vieille dame qu'il chérissait.

Comme prévu, le médecin arriva une heure après. Ismaël sortit de la chambre et alla s'installer dans la cuisine avec sa maman en attendant impatiemment le diagnostic.

Une demi-heure plus tard, le médecin redescendit et présenta une ordonnance à Alice.

– Cela n'a pas l'air méchant, je pense qu'elle a pris froid et quelques jours de repos au chaud en soignant sa toux devraient la rétablir rapidement, exposa le médecin. Mais je compte sur vous Alice, pour lui faire prendre ses médicaments à cette têtue. Elle m'a bien dit « oui, oui » mais elle n'en fait qu'à sa tête !

– À qui le dites-vous ! Vous pouvez compter sur moi, docteur, je vais prendre soin d'elle comme si c'était ma propre mère !

– Et moi aussi, ajouta Ismaël. Je la surveillerai de près, vous pouvez en être sûr !

– Je n'en doute pas une seconde, répondit le médecin en passant sa main dans la tignasse brune de l'enfant. Avec toi je suis tranquille, je sais qu'elle écoutera. Elle t'aime beaucoup, tu sais. Au lieu de me parler d'elle tout à l'heure, elle n'a fait que des éloges de toi ! Tu en as de la chance ! Car tout le monde sait bien qu'avec Héloïse, il vaut mieux être dans ses petits papiers !

– Cela veut dire quoi « petits papiers »!

– Cela veut dire qu'il vaut mieux être son ami que son ennemi, crois-moi ! Vous aussi Alice, elle vous porte en estime, renchérit le médecin en envoyant un clin d'œil à la jeune femme.

– Merci docteur, répliqua Alice en souriant. Je vous remercie d'être passé si rapidement. Je vais aller à la pharmacie chercher ces médicaments. Pendant ce temps, Ismaël restera auprès d'elle.

Au moment de partir, après avoir fini son travail, Alice proposa à la vieille dame de rester dormir chez elle avec Ismaël, au cas où elle aurait besoin d'elle. Héloïse refusa catégoriquement. Elle assura qu'elle se sentait déjà beaucoup mieux et qu'elle n'avait rien à craindre. Elle avait comme compagnie, Manoucha, qui veillerait sur elle pour cette nuit. Alice comprit qu'elle allait effectivement mieux, car la vieille dame avait retrouvé sa répartie habituelle.

Cependant, elle fit promettre à Héloïse de ne pas hésiter à l'appeler même en pleine nuit si elle se sentait mal.

Ismaël quitta avec regret son amie, l'embrassa tendrement et se serra contre elle un long moment. Alice osa pour la première fois déposer un baiser affectueux sur le front encore chaud de la vieille dame. Héloïse attrapa au passage la main de la jeune femme et la serra contre son cœur.

Le lendemain matin, Alice arriva plus tôt que d'habitude chez madame Hacket pour lui préparer son petit-déjeuner. Elle trouva Héloïse en meilleure forme. Quand elle arriva dans sa chambre, la vieille dame lui remit une enveloppe et lui demanda de bien vouloir la poster pour elle.

Alice remarqua que la lettre avait comme destination, les États-Unis.

Elle ne dit rien, et promit de le faire.

Quelques jours après, Héloïse reçut un appel. La conversation téléphonique dura un long moment. Alice n'entendit que quelques bribes, juste au moment où elle venait lui apporter sa tisane.

Les quelques mots qu'elle attrapa au vol furent :
« Fais le nécessaire... il faut t'organiser pour venir... rapidement. »

Désormais, Ismaël ne venait plus visiter son amie pendant la nuit. Il restait auprès d'elle dans sa chambre tous les soirs pendant que sa mère continuait à s'occuper de la maison.

Un soir, l'enfant posa à nouveau la question :

– Tu vas bientôt mourir ?

– Tu sais, Ismaël, nous ne mourrons que lorsque nous avons fini de vivre !

– Mais alors comment est-ce qu'on sait quand on a

fini de vivre ?

– La personne qui va mourir, elle, le sait dans son cœur.

– Tu crois que je saurai moi, un jour ?

– Sois tranquille, tu le sauras toi, quand tu auras fini de vivre. Et tu peux me croire, c'est encore dans très longtemps, car tu as devant toi une très longue vie. Mais il faut que je te parle Ismaël, c'est important ce que je vais te dire. Je voudrais que tu m'écoutes jusqu'au bout sans m'interrompre. Ce que je vais te dire n'est pas facile à entendre, mais c'est la vérité. Je sais que je vais mourir Ismaël. Je le sais maintenant, parce que c'est toi qui me l'as dit. Oui, tu te rappelles ton rêve où tu as vu ton papa ? Il parlait et tu ne comprenais pas ce qu'il te disait. Mais moi je sais ce qu'il t'a dit. Il voulait simplement t'annoncer que j'allais bientôt mourir. Parce que c'est dans l'ordre des choses. Mais tu n'étais pas encore prêt à l'entendre. Alors, il a préféré que cela soit moi qui te l'annonce. Ne sois pas triste Ismaël. Ma vie est terminée, parce que j'ai accompli tout ce que je devais faire sur cette terre. A présent, je suis attendue ailleurs.

De grosses larmes coulaient sur le visage du jeune garçon. Il savait qu'il ne devait pas interrompre son amie et il accepta de l'écouter jusqu'au bout. Héloïse prit entre ses mains les mains de l'enfant et le regarda droit dans les yeux.

– Nous allons être séparés physiquement Ismaël,

mais il faut que tu comprennes qu'il y aura toujours une continuité de communication entre toi et moi. Je vais partir, mais je serai toujours à tes côtés. Il te suffira de regarder les étoiles dans le ciel. L'une d'entre elles brillera plus que les autres, alors à ce moment-là tu comprendras que c'est moi. Notre relation continuera parce que nous nous sommes connus, et nous nous sommes aimés, dans cette vie. Je sais que tu penseras à moi avec amour, même si tu ne sais pas où je suis. Dans le lieu où je vais, tu es attendu toi aussi ; je suis simplement en avance sur toi. Car il faut me faire confiance Ismaël, un jour nous nous retrouverons. Tu te rappelles quand je t'ai parlé de la réincarnation ? Eh bien, je suis persuadée que nous avons encore quelques vies à passer ensemble. Je mérite de mourir désormais parce que j'ai vécu pleinement ma vie et que j'ai accompli tout ce que je devais réaliser dans cette vie-là.

Je t'ai appris l'essentiel de ce que tu devais savoir pour continuer à transmettre le message du monde des fées vers celui des humains.

– Mais je vais être perdu sans toi, je serai tout seul, comment je vais faire ? intervint Ismaël.

– Non tu ne seras pas tout seul Ismaël, je te le promets. Je te ferai signe. Il n'y a pas de hasard Ismaël. Tu seras attentif aux signes que la vie t'enverra. Et je te fais confiance, je sais, tu sauras les reconnaître... Et fais toujours confiance à la vie Ismaël, elle, elle sait où elle t'amène. Tu seras toujours au bon endroit au bon moment parce que tu as un destin à accomplir. Tu es né pour cette raison. Laisse le temps faire son œuvre, Ismaël, tu le découvriras au moment venu. À présent, il faut que tu saches que ce vieux grimoire qui est dans mon atelier de calligraphie, il est pour toi. J'ai fait le nécessaire, pour qu'après ma mort, il te soit remis. Désormais, ce sera toi qui continueras à consigner tous les messages du pays de féérie. Va me le chercher s'il te plaît Ismaël, je voudrais que nous lisions ensemble un dernier passage.

L'enfant sortit de la chambre et se dirigea vers la petite porte en bois qui menait dans l'atelier de calligraphie de son amie. Il prit le grand livre presque religieusement, et retourna auprès de la vieille dame. Il s'installa confortablement, à côté d'elle, dans les nombreux coussins.

Héloïse sélectionna un extrait et demanda à Ismaël de lire à haute voix.

Alors, l'enfant entonna :

« Il est écrit : la vie est magique, ponctuée d'instants d'inspiration ou de grâce qui sont l'œuvre des fées, car les fées sont là pour accomplir nos vœux.

Les fées sont les anges de l'abondance, du possible, de la réalisation de soi ; elles sont les sentinelles de notre légende. Elles veillent sur nous, concourent à notre évolution spirituelle et à notre accomplissement personnel.

Croire aux fées c'est garder en nous notre part d'enfance. Ainsi, le rêve et la magie ne nous quittent pas. Le royaume des fées n'est pas si loin de nous, il est tout prêt. Il suffit pour y accéder, de modifier sa façon d'observer la vie. La seule clé : le regard émerveillé de l'enfance. »

« Tout est Possible…

Chaque Vœu est Réalisable

Il suffit de demeurer Fidèle à ses Rêves
et de préjuger en sa Réussite.

Il suffit d'y Croire. »

– Tu peux oublier tout le reste Ismaël, mais ce que tu viens de lire, ne l'oublie jamais. C'est le plus important !

– Je te le promets, je ne l'oublierai jamais !

– Je le sais mon enfant, je te fais confiance.

Héloïse sortit une enveloppe qu'elle avait cachée sous son oreiller.

– Ismaël, cette enveloppe est pour toi. Je voudrais simplement que tu me promettes que tu ne l'ouvriras qu'après ma mort, et seulement le quatrième jeudi qui suivra.

– Je te le promets Héloïse, répéta Ismaël. Oh ! comme tu vas me manquer !

– Moi aussi tu vas me manquer !

– Comment je vais faire sans toi ?

– Ne t'inquiète pas, je t'ai donné quelques clés, la vie se chargera de t'offrir les suivantes.

Ismaël se blottit dans les bras de son amie et pleura. La vieille dame le serra très fort contre elle.

Et ils restèrent un long moment tous les deux ainsi, sans parler. Puis, Ismaël sécha ses larmes et tenta de sourire à Héloïse.

– Une dernière chose mon petit chéri, je voudrais que tu saches que je suis très fière de toi, de ce que tu es, de ce que tu vas devenir.

– Oh ! Héloïse, comme tu vas me manquer ! Personne d'autre que toi ne me dit de si belles choses sur moi !

– D'autres personnes le feront au cours de ta vie, crois-moi, mon petit chéri. La vie est si belle ! rétorqua Héloïse avec un bel enthousiasme dans la voix.

La vieille dame regarda tendrement Ismaël et l'embrassa très fort. Puis, elle ajouta :

– Je voudrais que tu fasses une dernière chose pour moi ; je voudrais que tu ailles me chercher ta maman. J'ai besoin de m'entretenir avec elle.

Avec regret, l'enfant se détacha des bras de son amie.

Il descendit et informa sa mère de la demande de Mme Hacket. Alice s'aperçut tout de suite que son fils avait pleuré. Elle lui demanda pourquoi, mais Ismaël ne put répondre que d'un hochement de la tête.

Alors, la jeune femme comprit.

Quand elle ressortit de la chambre d'Héloïse, Alice se mit à pleurer... Elle tenait dans sa main une enveloppe.

Quelques secondes plus tard, l'étoile bleue dessinée en haut à gauche des deux enveloppes se mit à scintiller.

Le lendemain matin quand Alice arriva devant la maison de la vieille dame, elle comprit tout de suite ce qui venait de se passer. Alice entra dans la maison ; un couple avec une petite fille qu'elle n'avait jamais vue auparavant étaient en train de parler, assis dans le salon.

Ils se levèrent, la saluèrent et se présentèrent. C'était la fille de Mme Hacket, avec son mari et leur fille. La jeune femme s'avança vers Alice et lui annonça que sa mère était morte dans la nuit pendant son sommeil. Alice ne put retenir ses larmes, elle cacha son visage dans ses mains.

La journée se passa tristement.

En fin d'après-midi, comme d'habitude Alice alla chercher Ismaël. Au comportement de sa mère, l'enfant comprit que quelque chose était arrivé.

– Héloïse est partie, elle nous a quittés cette nuit, dit Alice la voix pleine de sanglots.

Ismaël pleura à chaudes larmes. Il ne pouvait plus respirer. Même s'il avait été préparé à son départ, il réalisa combien son amie lui manquait déjà. Soudain, il se sentit seul... tellement seul.

Le directeur de l'école, qui se tenait devant le portail, voyant pleurer Ismaël se rapprocha d'Alice. Elle lui expliqua. Ismaël refusa de parler, il était trop bouleversé. Monsieur Ternynck demanda si un enterrement était prévu au village. Alice répondit que non. Héloïse Hacket ne voulait pas de messe et souhaitait être incinérée.

La jeune femme avait entendu dire que ses cendres seraient jetées dans la mer près de l'île de Célée, mais elle n'en était pas sûre. Cet endroit, elle n'en avait jamais entendu parler. Monsieur Ternynck répondit que lui non plus ne savait pas où était cette île. À ces mots, Ismaël qui était resté blotti contre sa mère releva la tête.

L'île de Célée ! Héloïse va rejoindre ses amies les fées. Moi, je sais où c'est ! pensa l'enfant

Le bouche à oreille fonctionna à la vitesse de l'éclair. Tout le village apprit presque simultanément la mort de la vieille dame. On chuchotait dans toutes les rues, avec un certain respect : « Héloïse Hacket est morte... Héloïse Hacket est morte... »

Le lendemain, tout le village était en deuil. Tous les commerçants avaient fermé leurs boutiques, même ceux qui n'avaient pas eu les faveurs d'Héloïse Hacket.

Mais c'était un deuil très particulier.

Étrangement, la nuit précédente, le fleuriste avait fait un drôle de rêve. Et dès le lever du jour, il avait mis à exécution l'idée surgie durant son sommeil.

Auparavant, il voulut s'entretenir avec Alice pour lui demander conseil, car de tout le village c'était bien elle la plus proche d'Héloïse.

Dans la matinée, très tôt, Dagan se débrouilla pour passer devant la maison d'Alice. Il pensait bien qu'à cette heure matinale, elle était chez elle. Il sonna.

Passé le moment de surprise, la jeune femme fit entrer le fleuriste dans le hall d'entrée. Osant à peine entrer, Dagan raconta à Alice son étrange rêve et l'idée qu'il avait eue à son réveil.

– Je voulais avoir votre avis Alice, dit Dagan. Qu'en pensez-vous ?

– Oh ! oui je pense qu'elle aurait été très touchée répondit Alice, les larmes aux yeux.

Alors, Dagan se rapprocha d'Alice et la prit tendrement dans ses bras. La jeune femme appuya sa tête au creux de son épaule et laissa couler ses larmes.

– Comme elle me manque déjà ! dit Alice entre deux sanglots.

– Elle manque à tout le monde, vous savez. Elle laisse un grand vide derrière elle, répondit Dagan en soulevant doucement le menton d'Alice.

Ils restèrent un long moment à se regarder les yeux dans les yeux. Et, pour la première fois, Dagan déposa un doux baiser sur les lèvres de la jeune femme.

Puis, il repartit mettre à exécution son plan.

Il était allé voir tous les habitants du village avec sa proposition très originale. Tous avaient accepté, sans exception.

Si notre observateur était passé ce jour-là, il aurait pu voir un défilé devant la maison de la vieille dame.

Et c'est ainsi que la fille d'Héloïse découvrit que quelqu'un était venu déposer dans le jardin de sa mère, trois grandes jarres dans lesquelles un acacia, un olivier et un chêne avaient été plantés. Elle ouvrit la porte de l'entrée et vit, dans une longue file d'attente jusqu'au bout de la ruelle, tous les habitants du village. Ils avaient dans la main une rose blanche avec un long ruban sur lequel chacun avait écrit un petit mot.

Le fleuriste avait inséré dans une partie du ruban, une fine tige en fer en forme de crochet pour faciliter l'accrochage de la fleur dans les arbres. Le cortège était magnifique, car tous les villageois s'étaient habillés avec des couleurs très gaies. Aucun ne portait la couleur noire traditionnellement utilisée en de telles circonstances. Ils attendaient patiemment leur tour.

En tête de cette procession, il y avait Alice à côté de Dagan. À l'unanimité on avait décidé que cette place revenait à Alice, car ces derniers temps elle avait été la personne la plus proche d'Héloïse. Quant à Dagan près d'elle, cela s'imposait...

Ensemble, en se frôlant, ils décidèrent d'accrocher leurs roses dans l'acacia. C'était l'arbre le plus symbolique pour eux deux, celui de la renaissance.

À ce moment-là, un oiseau bleu que personne n'avait vu jusqu'alors dans le village, vint se poser au sommet de l'arbre. Il resta jusqu'à la fin, impassible.

Il y eut un moment de silence puis, un par un, ils entrèrent avec respect dans le jardin et accrochèrent leur rose blanche dans l'une des branches de l'arbre de leur choix.

La fille de Mme Hacket était émue aux larmes devant ce magnifique spectacle.

Elle comprit combien sa mère avait été un personnage apprécié dans le village. Soudain, elle regretta de ne pas avoir pu parler avec elle avant qu'elle s'en aille. Il y avait entre elles des non-dits, des incompréhensions qui s'étaient accumulés au fil des années.

Elle aurait tellement aimé lui demander pardon... mais c'était ainsi !

Et pendant cette attente, il se produisit un miracle. Le boucher qui à la longue s'était fâché avec tous les commerçants, exclu de la considération de la vieille dame, serra chaleureusement la main de ses confrères.

Des membres de la même famille qui ne s'étaient plus adressés la parole depuis des années à cause d'une histoire - dont plus personne ne se rappelait réellement la cause - se parlèrent.

Par respect pour Héloïse Hacket les conversations se tenaient à voix basse.

Tous étaient venus pour rendre un dernier hommage à cette vieille dame quelque peu originale certes, mais à laquelle ils s'étaient habitués et même pour certains, plus que cela, attachés.

Grâce à elle, il régnait dans le village une atmosphère étrange dont tous les membres de cette petite communauté avaient pu bénéficier.

Comme un chuchotement de paix et d'amour, un vent de réconciliation souffla au-dessus du village...

Le dernier villageois déposa sa rose au crépuscule. Un léger vent du sud se leva et les rubans des trois arbres bruissèrent mélodieusement.

L'oiseau bleu s'envola.

Le soleil se couchait et le ciel prenait une couleur orangée de plus en plus irréelle.

La quiétude régnait dans le jardin d'Héloïse. La fille de la vieille dame, accompagnée de son mari, s'attarda à lire, avec beaucoup d'émotion, tous les petits mots.

Pendant ce temps, Ismaël, qui n'avait pas voulu participer, s'était faufilé discrètement par l'arrière du jardin et observait la scène.

Il était tellement concentré qu'il n'entendit pas la petite fille arriver. Quand il l'aperçut, il sursauta.

Et ce qu'il vit fut pour lui un choc.

Devant lui se tenait une adorable petite fille qui le regardait fixement avec ses grands yeux bleus. Ismaël n'osait pas bouger... Il croyait rêver !

– Comment tu t'appelles ? demanda la petite fille.
– Je m'appelle... Ismaël, et toi ?
– Je m'appelle Morgane. Tu es qui toi ?
– Je suis le fils d'Alice, et toi ?
– Je suis la petite fille d'Héloïse... Tu sais que ma grand-mère est morte ?
– Oui je sais, et je suis très triste parce que j'étais son ami.
– Dis, tu voudrais bien devenir mon ami ? Je ne connais personne ici. Je viens d'Amérique, tu sais.
– C'est comment l'Amérique ?

– C'est grand !

– Et tu vas rester longtemps ici ?

– Je ne sais pas, maman ne m'a rien dit. Tu sais comment sont les grandes personnes ! Mais dis, si je reste ici, tu voudras bien devenir mon ami ?

– Oui... je crois que cela me plairait beaucoup.

À cette réponse, Morgane sauta au cou d'Ismaël qui faillit perdre l'équilibre, fort étonné de cette soudaine, mais agréable effusion de joie.

– Alors, c'est d'accord, nous sommes maintenant amis ! Et pour toujours ! s'exclama Morgane.

Ismaël n'en croyait pas ses yeux. Son cœur battait très fort.

Il avait devant lui, la petite-fille de la photo posée sur la commode à côté de la rose blanche.

Il réalisa combien il était depuis toujours amoureux d'elle... et non de son amie la vieille dame... qui venait de lui faire... UN signe.

...Alors, il comprit qu'il ne serait plus seul désormais à allumer les étoiles dans le ciel !

Fin

... du premier tome.

TABLE

BIBLIOGRAPHIE :

Edouard Brasey :

-Fées et Elfes

-Trouver sa vérité par les contes de sagesse

-Le guide du chasseur de Fées

Edouard Brasey et Jean-Pascal Debailleul

-Vivre par la magie des contes

dont la lecture a inspiré les passages lus par Ismaël dans le vieux grimoire d'Héloïse.

REMERCIEMENTS :

Merci à

Mon mari **Laurent**, de par son soutien inconditionnel
grâce à qui ce livre existe aujourd'hui.

Suzanne, ma première lectrice et fidèle amie
qui a toujours cru en moi.

Valérie, pour notre complicité d'écrivaine et le chemin
parcouru ensemble depuis le début de cette aventure.

Gaëlle, qui m'a aidé dans l'affirmation de mon style.

Sans oublier mes premiers lecteurs, petits et grands,
de ma famille et mes amis. Leur enthousiasme
et leurs encouragements m'ont été précieux.

Achevé d'imprimer en avril 2010

Impression en C.E.

Conception maquette : Christian Debanne Atelier de Conti

missmo EDITIONS

www.lesclesdujardinsdetoiles.com